論理が身につく
「考える音読」の授業
説明文 アイデア50

桂　聖 編著
「考える音読」の会 著

東洋館出版社

まえがき

「大造じいさんとガン」の授業の一コマ。

「今から先生が音読します。大造じいさんの気持ちがわかるところで『ここ・ここ』と言いましょう。この言葉や文で気持ちがわかる、という意味です。さあ、読みますよ」

子どもたちは、楽しそうに「ここ・ここ」「ここ・ここ」「ここ・ここ」と言ってくれます。

「ねえ、先生。『ここ・ここ』だと鶏の鳴き声みたいだよ。次のページからは、豚にして『ブヒ・ブヒ』って読もうよ」。こんなユニークなアイデアも飛び出します。教室は大爆笑の渦です。

しかし、これだけでは国語の授業だとは言えません。「今、なぜ『ここ・ここ』と言ったの?」と問い返しながら進めていきます。すると「いまいましく思っていましたと、思ったことが書いてあるよ」のように話してくれます。こうしたやりとりによって、人物の心情は「①会話文、②行動描写、③思ったこと、④情景描写、⑤周囲の状況」などから読み取れることを確認します。「ここ・ここ読み」では、人物の心情を「イメージ」しながら、その「論理」的な読み方を楽しく考えることができるのです。

私たちは、こうした新しい音読の方法を「考える音読」と呼ぶことにしました。それには三つのタイプがあります。すらすら型、イメージ型、論理型です。「すらすら」と音読する。その上で内容を「イメージ」して音読する。さらに「論理」的に読み方を考えるという音読です。本書には、そのアイデアや実践がぎっしりと詰まっています。

「考える音読」の会のメンバーは、教員経験六年目の若い先生たち。二年前、彼らと出会ったときは、国語がわかっているとは、お世辞にも言えない状態でした。でも、今では大変身。この二年間、国語の授業づくりについてものすごく勉強しました。「文学50、説明文50、アイデアを出せるといいぞ」と冗談で言ったら、半年のうちに書き上げてしまいました。彼らの努力と成長に、心から拍手を送りたいと思います。

あなたも、楽しくて力がつく「考える音読」をやってみたいと思いませんか。子どもも教師も、毎日の国語授業が楽しみになること間違いなしです。本書は、形骸化しつつある音読指導や国語授業への私たちの新たな提案です。

筑波大学附属小学校　桂　聖

「考える音読」の授業　説明文アイデア50

もくじ

■論理型

第3章 説明文の五つの読み方 桂 聖

第 1 章
「考える音読」とは何か
― 説明文編 ―

筑波大学附属小学校　桂　聖

1　これまでの音読の問題点

「さあ、今日は、なか1の部分の勉強だね。なか1の段落を音読しましょう」

「全員起立。一回音読したら座りなさい」

こうした音読は、日本全国、どこの教室でも行われている活動です。

文字をすらすら音読できることはとても大切です。でも、そのほとんどが意味段落や全文の確認の音読」に終始しているのです。文字を音声で表すことだけに集中して読んでいるだけです。

説明文の授業では、説明内容をイメージしたり論理構造に着目しながら読むことが大切です。でも、確認の音読だけでは、こうした音読にはなりません。音読は、授業の日常的な一つの手続きとして取り入れられているだけです。

もしかしたら、こう言う先生がいるかもしれません。

「私がやっている音読は、意味段落や全文の確認ではありません。ちゃんと指示しています。『内容を考えながら音読しましょう』こう言って音読させています」

でも、こう指示しただけで、内容を考えながら音読できるでしょうか。難しいと思います。自分でやってみてください。音読するよりも、黙読しながら内容を考えたほうがいいかもしれません。

仮に指示するなら、せめて「接続語に着目して段落の前後の関係を考えながら読みましょう」のように、具体的な読み方を指示すべきでしょう。そうすれば、少しは考えながら音読することができます。あいまいな指示では、確認の音読にとどまってしまうのです。

2 「考える音読」の授業とは何か

「先生、今日も音読をするよね！」と、子どもはよく言います。音読が大好きです。

しかし、こうした大好きな活動を、確認の音読だけに終始するなんてもったいないと思いませんか。

音読は、確認だけではありません。もっと大きな可能性があります。それを授業の表舞台で扱うのが「考える音読」の授業です。

例を挙げて説明します。

次は「すがたをかえる大豆」（光村図書三年下）の第三段落です。まず音読してみてください。

A

いちばん分かりやすいのは、大豆をそのまま形のままいったり、にたりして、やわらかく、おいしくするくふうです。いると、豆まきのまめになります。水につけてやわらかくしてからにると、に豆になります。正月のおせちりょうりに使われる黒豆も、に豆の一つです。に豆には、黒、茶、白など、いろいろな色の大豆が使われます。

もちろん、すらすらと読めたことでしょう。

では、次に想像してみてください。ここに絵が四枚あるとします。「ア　豆まきのまめ」「イ　黒豆」「ウ　茶豆」「エ　白豆」

の四枚の絵です。

この第三段落には文が五つありますが、それぞれの絵は、その何番目の文の絵になるでしょうか。イメージしながら音読してみてください。

B（括弧付き数字は文の番号を示す）

（1）いちばん分かりやすいのは、大豆をそのまま形のままいったり、にたりして、やわらかく、おいしくするくふうです。（?）
（2）いると、豆まきのまめになります。（ア）
（3）水につけてやわらかくしてからにると、に豆になります。（イ、ウ、エ）
（4）正月のおせちりょうりに使われる黒豆も、に豆の一つです。（イ）
（5）に豆には、黒、茶、白など、いろいろな色の大豆が使われます。（イ、ウ、エ）

文と絵を対応させてみると、それぞれの文が表しているイメージが明確になります。たとえば、③と⑤は同じことを説明していることがわかりますし、④はその中でも黒豆だけを説明していることがわかります。

ただ、①はどうでしょうか。「くふう」の説明なので「どの絵も当てはまらない」とも言えます。一方、かえって「くふう」の説明だからこそ「どの絵も当てはまる」とも言えます。

すらすら音読するだけではあいまいだったかもしれませんが、こうして文と絵を対応することで文のイメージが明らかになるのです。

では、また想像してみてください。もしも私がこう言ったとします。「私がこの第三段落を音読しますから、中心文だと思ったところで一緒に音読してください」。そうすると、あなたは何番目の文で私と一緒に音読しますか。

(1) **C いちばん分かりやすいのは、大豆をそのまま形のままいったり、にたりして、やわらかく、おいしくするくふうです。**
(2) いると、豆まきのまめになります。
(3) 水につけてやわらかくしてからにると、に豆になります。
(4) 正月のおせちりょうりに使われる黒豆も、に豆の一つです。
(5) に豆には、黒、茶、白など、いろいろな色の大豆が使われます。

子どもにたずねると、(1)〜(5)に意見が分かれることがあります。その場合は中心文の理由について話し合います。

答えは、もちろん、太字の(1)です。なぜでしょうか。(1)の文は、大豆をおいしくする「くふう」を示しているので、どの文にも当てはまります。まとめの文です。さっき**B**で考えたときにもふれましたので、比較的簡単にわかるでしょう。

また、キーワードを図示してみればよくわかります。図1のよう

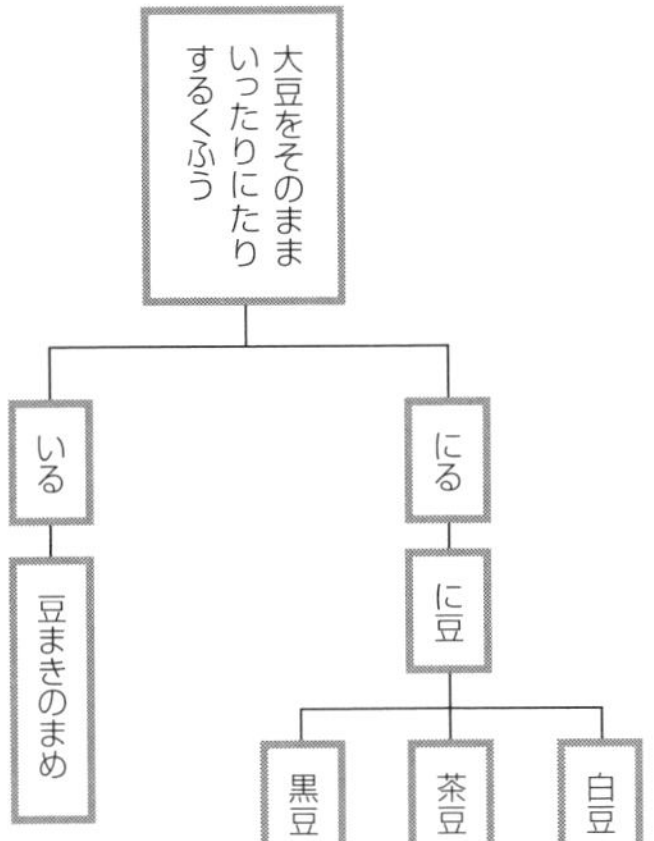

図１　第三段落のキーワード図

になります。だから、一番上にあるキーワードに関係する(1)がまとめの文、他の(2)〜(5)は具体例の文です。

さて「考える音読」の授業は、このようなタイプの音読を授業の表舞台に上げるということです。その音読には、次の三つのタイプがあります。

① すらすら型
② イメージ型
③ 論理型

①の「すらすら型」とは、「正確に読むこと」を目指す音読です。あえて言えば、前出の**A**のレベルの音読です。音読は、まずはすらすら正確に読めることが何よりも大切です。従来から重視されているタイプです。
ただ、「正確に音読しなさい」「三回音読しなさい」という活動の指示だけでは、すらすらと音読できるようにはなりません。「段落ごとに交代しながら読みましょう（形式段落読み）」「隣同士で正しく音読できているか聴き合いましょう（ペア読み）」など、子ども同士で意欲的に音読できるようにするための工夫が必要です。
②の「イメージ型」とは、「説明内容のイメージを思い描くこと」を目指す音読です。前出の**B**のような音読です。「どの絵が当てはまるか考えながら音読しましょう（資料提示読み）」「先生が音読しますから、動作をしながら読みましょう（動作読み）」などの音読によって、説明内容の「見える化」ができます。
③の「論理型」とは、「文章の論理構造を考えながら読むこと」を目指す音読です。前出の**C**のような音読です。「中心文で教師と一緒に音読する（中心文読み）」ことで各自の音読する文がばらばらになれば、それをきっかけにして「中

心文は何番目の文か？」について話し合います。

Bのイメージ型の音読のあとなので、一部の子どもだけでなく、全員の子どもが説明内容をイメージしたうえで、論理的に話し合えるようになります。

ただ、全員の子どもの意見が(1)の文になっていた場合は、あえて教師が「中心文は(3)の文じゃないの？　だって、黒豆と茶豆と白豆をまとめているよ」とゆさぶります。正答について否定的にかかわる「ゆさぶり発問」です。また、違った文をわざと言うので、こうした「しかけ文」をわざと提示しているとも言えます。

そうすると、(1)の文は大豆をおいしくする「くふう」という点でもまとめているし、しかも「いる＝豆まきのまめ」と「にる＝黒豆・茶豆・白豆」の全部をまとめているのに気づくことができます。つまり、中心文についてより深く理解できるのです。

こうして「ゆさぶり発問」や「しかけ文」によって、あえて間違いを提示することで論理構造を深く理解することができるようになります。

ただし、いつでも何でも「ゆさぶり発問」をしたり「しかけ文」を提示したりすればいいというのではありません。説明文の論理的な読み方にかかわって行うことが大切です。

たとえば、**C**では、中心文について理解することができました。中心文を考えながら読むというのは、他の文章にも「活用」できる説明文の重要な読み方の一つです。

ちなみに、説明文には次の五つの読み方があります。

◆要点

◆問いと答え
◆表現技法
◆三段構成
◆要旨や意図

第3章にはこれらを示しました。また、私の他の著作物でも解説していますので、指導内容を決める際の参考にしていただければ幸いです。

「考える音読」の授業とは、こうした「①すらすら型」「②イメージ型」「③論理型」の三つのタイプを総称したものです。この音読の特徴は、「①すらすら型」だけでなく、「②イメージ型」「③論理型」を明らかにして提案しているところです。

まず「すらすら」読めるようにする。次に説明内容が「イメージ」できるようにする。そして最終的には「しかけ文」と「原文」を比較することで、子ども自らが説明文の「論理」的な読み方を楽しく習得・活用できるところを大切にしています。だから「考える音読」というよりも、「考えるきっかけをつくる音読」というほうが正確かもしれません。

第2章では「考える音読」の会のメンバーが、説明文の授業で使える「考える音読」のアイデア50を提案します。あなたの国語教室でも、ぜひ明日から試してみてください。国語授業の雰囲気ががらりと変わるはずです。「また音読をやろうよ」「国語って楽しいね」という子どもたちの笑顔と言葉が教室にいっぱいになり、読解力がぐんぐん高まっていくでしょう。

第2章
音読のバリエーション

①マル読み

「おにごっこ」（光村図書二年下）

「マル読み」で、すらすらと音読できるようにする。

一文ずつ読む人を交代し、何度も取り組むことで、楽しみながらすらすらと音読ができます。

教室の中には、言葉のまとまりを意識できず拾い読みになってしまったり、つまってしまったりする子どももいます。そこで、単元の初めに、一文ずつ読む「マル読み」を行います。

本文

おにごっこは、どうぐがなくても、みんなでできるあそびです。おにごっこには、さまざまなあそび方があります。どんなあそび方があるのでしょう。なぜ、そのようなあそび方をするのでしょう。

ただし、ただ読むだけではおもしろくないので、少しずつルールを付け加えながら、徐々に難易度を上げていきます。

【「マル読み」のルールの例】

・間違えたら一番初めから読み直す

・一時間のチャレンジ回数を決める

ただし、間違えた子が責められないようなルールづくりも併せてやっておきます。

このように、楽しみながら何度も音読に取り組むことで、どの子どもも真剣に練習するようになり、すらすら音読できるようになります。このような姿勢が、言葉を大切にする国語の力にもつながっていくと言えるでしょう。

②パーフェクト読み

「すがたをかえる大豆」（光村図書三年下）

「パーフェクト読み」で、すらすら読めるようにする。

マル読みをして、途中で間違えたら最初から読み始める読み方です。

クラスのみんなで、一人ずつ、句点で交代しながら音読します。子どもたちが楽しく、進んで音読ができるようにするには、こんな一言を入れてみてはどうでしょうか。

まず、教師が「では、マル読みをしましょう。教室の右端から、一人ずつ順番に読んでいきます。間違えたら、最初からもう一回読み始めましょう。最後までいけるかな？」と伝えます。

本文

すがたをかえる大豆　国分　牧衛（題名、筆者名はみんなで読む）

わたしたちの毎日の食事には、肉・やさいなど、さまざまなざいりょうが調理されて出てきます。（一人目）

その中で、ごはんになる米、パンやめん類になる麦のほかにも、多くの人がほとんど毎日口にしているものがあります。（二人目）

子どもたちにとってはスリル満点！　緊張感も生まれます。もちろん、子どもたちの中でだれかは間違えてしまいます。途中でつまったり、間があきすぎてしまったり、漢字を読み間違えたり……。そうしたら、最初から。題名からもう一回読み始めます。

ポイントは、先生も、子どもたちも決して間違いを責めないことです。この読み方の目的は、何度も何度も繰り返すことで、文章に慣れることと、すらすら読めるようになることです。だから、間違えてもいいのです。この読み方を取り入れると、自分から家で練習をしてくるようにもなります。練習をしてきた上手な子の音読を、みんなに聞かせてもいいですね。みんなで協力して最後まで読めたら、ばんざい！　達成感もいっぱいです！

③リレー読み

「どうぶつ園のじゅうい」（光村図書二年上）

「リレー読み」で、集中して音読させる。

子どもの好きな場所で交代しながらリレーをすることで、集中して音読できます。

普通に音読すると、子どもがだらだら音読してしまって、おもしろくない点、緊張感がない点、を感じたことはありませんか？　そんなとき、この「リレー読み」で子どもたちの集中力を高めましょう。

本文

Aさん「わたしは、どうぶつ園ではたらいている　じゅういです。」
Bさん「わたしのしごとは、」
Cさん「どうぶつたちが　元気にくらせる……」

次のように指示します。「今から、点や丸で交代しながら音読をします。音読をする人は、点や丸のある場所であれば、どこで止めてもかまいません。次の人は、すぐにつなげて音読が始められるように準備をしておいてください。どこで交代してくるかわかりませんよ」この指示で、子どもたちはどきどきしながら教科書を見つめるようになります。教師が一番先に音読し、次の子どもに「ほら、先生はもう読み終わったよ。すぐに入ってきて！」と声をかけるとイメージがつかみやすいでしょう。

このように、通読をするときや音読の技術を上げたいときなど、音読がマンネリ化してきたときに「リレー読み」をすると子どもたちが生き生きと、集中して音読に取り組むようになります。ゲーム感覚でできるので、子どもたち自身でもやり始めるかもしれませんよ。

④たけのこ読み

「ビーバーの大工事」（東京書籍二年下）

「たけのこ読み」で、文章を正確に読む練習をさせる。

自分の読みたい文を決めて音読することで、言葉のまとまりを意識して読めるようになります。

文章の内容を読み取るためには、まずはすらすらと音読することが大切になってきます。

本文

ここは、北アメリカ。大きな森の中の川のほとりです。ビーバーが、木のみきをかじっています。
ガリガリ、ガリガリ。

【「たけのこ読み」のやり方】

・マルごとに読む人が交代する。
・読みたい文を選び、その文になると立って音読する。何度挑戦してもよい。
・クラスのみんなで最後まで続けなければならない。だれもいないときには様子を見て、必ずだれかが音読する。

子どもたちは「たけのこ読み」が大好きです。友達と立つタイミングや読み方をそろえることを楽しむうちに、すらすらと読めるようになってきます。

ところが、学習を進めていくうちに、だんだんそろわなくなります。ここで、「たけのこ読み」が上手にできなくなるということは、学習したことを生かして一人ひとりが思いをもって音読している証拠だということを話します。

このように、「たけのこ読み」をすることで、楽しみながらすらすらと音読することができるようになるとともに、自分の音読の技術の向上にも気づくことができます。

⑤形式段落読み

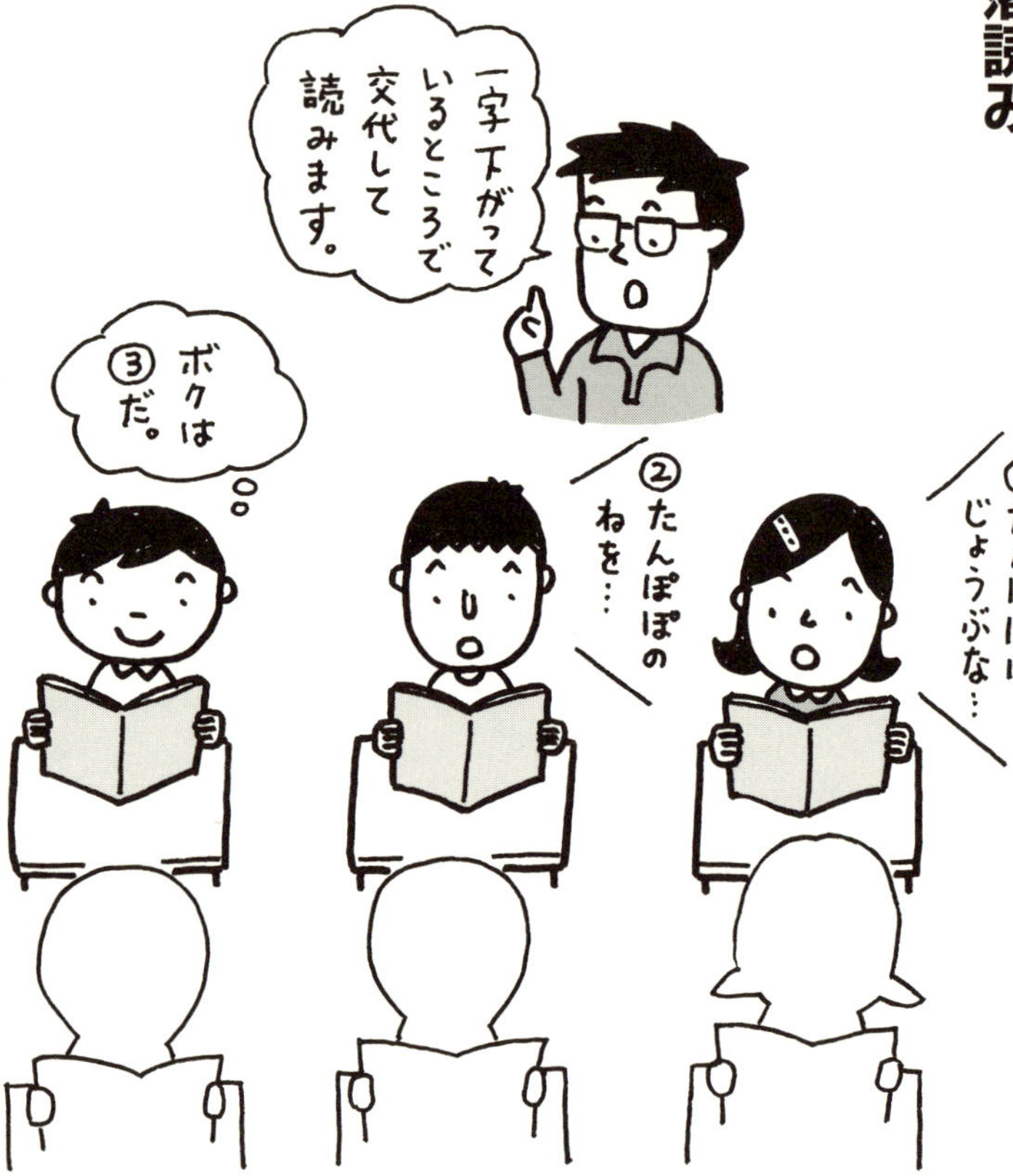
①たんぽぽはじょうぶな…

「たんぽぽ」（東京書籍二年上）

「形式段落読み」で、形式段落を確認させる。

形式段落が変わるところで読み手を交代することで、文の区切りが明確になります。

形式段落とは、細かく内容が変わっている段落、つまり、一字下がって書いてある文のまとまりです。低学年の子どもたちでも、簡単に探すことができます。この形式段落を使って、音読をすると内容の変化がよくわかります。

本文

たんぽぽ　　　ひらやま　かずこ　文・え

① たんぽぽは　じょうぶな　草です。はが　ふまれたり…　(一人目)
② たんぽぽの　ねを　ほって　みました。ながい　ねです。…　(二人目)
③ 春の　晴れた　日に、花が　さきます。花は、夕がた…　(三人目)

題名、筆者名は全体にかかわることなのでみんなで音読します。その後、形式段落ごとに読み手が交代します。読み手が変わるので、内容の変化をとらえることができますし、子どもたちが形式段落を理解すると、自分で形式段落分けをして、確認するために「形式段落読み」を使うこともできます。そうすることで、子どもたちで授業の一部を進めることもでき、子どもたちが自分で学習する力を育成することにもつながっていきます。

⑥マル・テン読み

「もうどう犬の訓練」（東京書籍三年下）

「マル・テン読み」で、すらすら音読できるようにする。

読点、句読点のどちらでも読み手を交代することで、意欲的に音読するようになります。

音読をする際に、マルで区切って交代する「マル読み」については、取り組んでいる先生もいるのではないでしょうか。ここでは句読点どちらでも交代する「マル・テン読み」について紹介します。

「マル」と「テン」どちらも交代するメリットは、「マル読み」よりも一回に読む文章が短くなるので、低位の子どもも言葉を確かめながら、意欲的に音読に参加できることです。

さらに、「マル」と「テン」で区切ることで「接続詞」が際立ってきます。「けれども」「しかし」などで読む担当が入れ替わるので、子どもたちも接続詞を意識して読むようになってきます。それを教師が取り立てて「なぜ『しかし』をそのように強く音読したのか」と問いかけて考えることで、授業で目指す課題へと到達することができます。

本文

いちばんむずかしいのは、「ウェイト」（待て）の命令です。もともと活発な動物である犬にとって、次の命令があるまで動かないでいるのは、つらいことなのです。

「もうどう犬の訓練」（東京書籍三年下）

※□のところまで読んだら交代する

このように、「マル・テン読み」は、すらすら音読するためだけの道具ではなく、「考える音読」の授業をつくり出す重要な音読なのです。

⑦動作読み

昼間は、いろいろな方向に向かって…
イルカ
イルカ

夜中は、プールのふかい所でむれを作り…
イルカ
イルカ

「イルカのねむり方」（光村図書三年上）

「動作読み」で、イメージを広げさせる。

動作化をしながら音読をすることで、イメージしながら読み取ることができます。

説明文を読み進める際に重要なのは、全員で説明内容のイメージを共有することです。そこで、動作化を使って、文とイメージをつなげています。ここでは、イルカが「いつ、どのようにしてねむっているのか」を説明しています。

本文

さらに、およいでいるときの動きを、昼間と夜中でくらべました。

昼間は、いろいろな方向に向かって、はやくおよいでいました。

それに対して、夜中は、プールのふかい所でむれを作り、ゆっくりと円をかくようにおよぎつづけていました。

よく見ると、このときは、かた目をとじたままおよいでいました。

そして、ときどき、とじる目を交代させていました。

イルカは、ゆっくりおよぎながらねむっているにちがいありません。


動作化の準備として、どのような役が、何名ぐらい必要なのかを確認します。イルカは一頭ではなく、数頭出てくることも明確にしておきます。

他の子どもの音読に合わせて、イルカ役の子ども数名に動作をつけさせます。昼間は「いろいろな方向に向かって」「はやく」泳げているか、夜中は「むれを作り」「ゆっくりと円をかくように」「ときどき、とじる目を交代させて」泳げているかを確認します。動作化をすることで、昼間と夜中の泳ぎ方が正反対になっていることもイメージできます。

このように、動作化を通して言葉の意味を確認していくことで、全員が説明内容のイメージを理解することができるのです。

⑧ぼく読み

※読みながら動作します。

「サンゴの海の生きものたち」（平成十七年度版光村図書二年上）

「ぼく読み」で、出てくる人物や物に同化して読ませる。

主語を「ぼく」に置き換えて読むことで、イメージをふくらませて読むことができます。

説明文の学習では、まず、書かれている内容を正確に読み取ることが重要です。読むのが苦手な子どもにとっては、次のような文章の内容をイメージするのは難しいことです。

本文

イソギンチャクのしょく手には、どくのはりがあります。
イソギンチャクは、これで、小さなどうぶつをつかまえて、食べているのです。

そこで、「イソギンチャク」を「ぼく」に置き換えて読むと、イソギンチャクに同化し、文章を自分（読んでいる本人）に近づけて読むことができます。

しかけ文

ぼくのしょく手には、どくのはりがあります。
ぼくは、これで、小さなどうぶつをつかまえて、食べているのです。

ええっ、この手に？

わあ、すごい。

このように、イソギンチャク役とクマノミ役に分かれて、音読をすることで、子どもたちが活動しながら生き生きと、内容を読み取ることができます。

内容が少し難しく、書かれている内容を読み取れていないと感じたら、この「ぼく読み」をしてみましょう。頭の中でイメージして読むことができるようになり、内容を正確に読み取るきっかけになります。

⑨ぼく・あなた読み

置き換えて読んでみよう。
イソギンチャク ⇐ ぼく
クマノミ ⇐ あなた
「あなた」を食べる……
「ぼく」の中にいれば「あなた」は安全です。
イソギンチャク
うんうん
クマノミ
「ぼく」を食べにくる小さな魚がいます。「あなた」は…
クマノミ
カチカチ音を立てるんだ
「ぼく」と「あなた」はたがいに…

「サンゴの海の生きものたち」（平成十七年度版光村図書二年上）

「ぼく・あなた読み」で、対応する二者の関係をまとめさせる。

三人称の主語を一人称［ぼく］、二人称［あなた］に置き換えることで、イメージをふくらませ、事例とまとめのつながりに気づくことができます。

「イソギンチャク＝ぼく」、「クマノミ＝あなた」に置き換えて読みます。

本文

［クマノミ］を食べる大きな魚は、［イソギンチャク］をこわがって、近づいてきません。だから、［イソギンチャク］の中にいれば、［クマノミ］はあんぜんです。［イソギンチャク］を食べにくる小さな魚がいます。［クマノミ］は、この魚が近づいてくると、カチカチと音を立てて、おいはらってしまいます。こうして、［イソギンチャク］と［クマノミ］は、たがいに［　　］いるのです。

しかけ文

［あなた］を食べる大きな魚は、［ぼく］をこわがって、近づいてきません。だから、［ぼく］の中にいれば、［あなた］はあんぜんです。［ぼく］を食べにくる小さな魚がいます。［あなた］は、この魚が近づいてくると、カチカチと音を立てて、おいはらってしまいます。こうして［ぼく］と［あなた］はたがいに［　　］いるのです。

この音読に動作を加えると一層理解が深まるでしょう。自分に近づけて文章を読み、内容を把握しているからこそ、［　］に入る言葉「守り合っている」を推測することができるのです。

このように、三人称の文を一人称と二人称に置き換える「ぼく・あなた読み」を活用することで、内容を読み取るだけでなく、事例とそのまとめのつながりにも気づくことができるのです。

⑩○○さん読み

みんなにわかりやすいように
たんぽぽさんって入れて
音読しよう
たんぽぽ
⇐
たんぽぽさん
たんぽぽさんの
ちえ
たんぽぽさんは
かれてしまったのでは…
そうなの？
たんぽぽさん
すごいな
このように、
たんぽぽさんは、
いろいろな…

「たんぽぽのちえ」（光村図書二年上）

「〇〇さん読み」で、擬人法を意識させる。

「たんぽぽ」を「たんぽぽさん」に置き換えて読むことで、イメージをふくらませて読むことができます。

二年生「たんぽぽのちえ」は、「たんぽぽ」という植物を擬人化することで、子どもたちのイメージをふくらませる筆者の意図があります。それは、「たんぽぽのちえ」という題名からもわかります。実は、他にも、「しずかに休ませて、えいようをおくっている」「せのびをするように」「ちえをはたらかせています」などの表現が使われています。

そこで、擬人化を二年生でも無理なく意識させる音読を紹介します。

しかけ文

たんぽぽ㋚㋥のちえ

けれども、たんぽぽ㋚㋥は、かれて　しまったのでは　ありません。

こうして、たんぽぽ㋚㋥は、たねを　どんどん　太らせるのです。

このように、たんぽぽ㋚㋥は、いろいろな　ちえを　はたらかせて　います。

なるほど、たんぽぽ㋚㋥

すごいね。たんぽぽ㋚㋥

説明文の学習は、論理的な文の書き方を扱います。ただ、その論理だけを扱う授業では、子どもたちにとっても、先生たちにとっても冷たい・つまらないイメージの学習になってしまいます。だからこそ、その前段階として、このように子どもたち全員で書かれている内容のイメージを共有化することが重要なのです。

⑪役割読みと動作読み

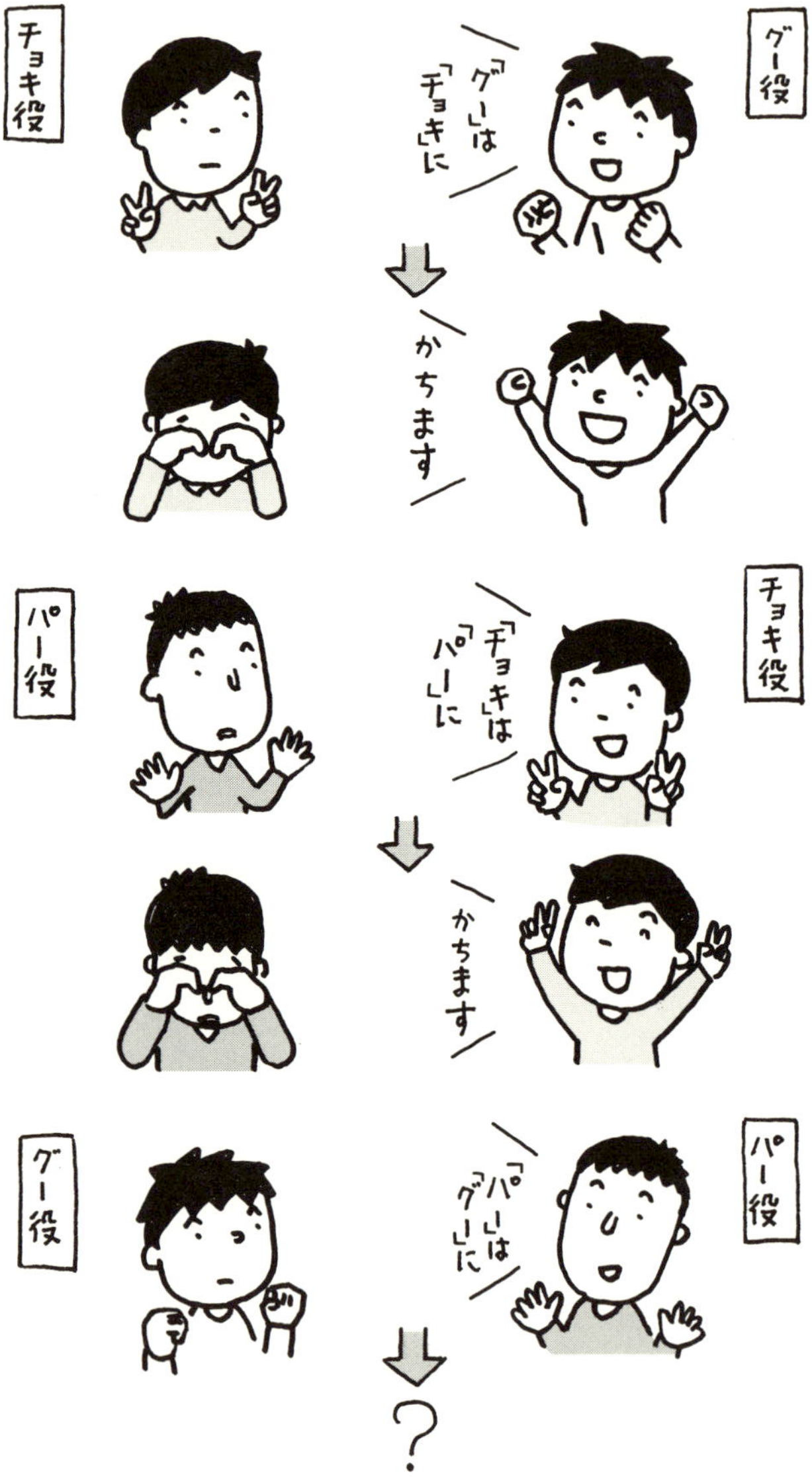
グー役
「グー」は「チョキ」に
チョキ役
かちます
チョキ役
「チョキ」は「パー」に
パー役
かちます
パー役
「パー」は「グー」に
グー役
？

「じゃんけん」（平成十七年度版東京書籍 一年下）

「役割読みと動作読み」で、三すくみの関係をとらえさせる。

「グー」「チョキ」「パー」役に分かれて、体を動かしながら音読することで、相互の関係性が理解できます。

「じゃんけん」では、書かれている内容を正しく読み取るために、役割読みをします。ここでは、三すくみの関係をとらえやすくするために、「グー」「チョキ」「パー」の役に分かれて音読をしてみます。

本文
「グー」は、「チョキ」にかちます。
（グー役は音読しながら動作化する）（チョキ役も動作化する）

本文
「チョキ」は、「パー」にかちます。
（チョキ役は音読しながら動作化する）（パー役も動作化する）

本文
「パー」は、「グー」にかちます。
（パー役は音読しながら動作化する）（グー役も動作化する）

同じように、じゃんけんをしたり、勝ったポーズや負けたポーズをしたりしながら「役割読み」をします。

このように、「役割読み」と「動作読み」を組み合わせることで、低学年の子でも三すくみをイメージすることができ、関係性が理解しやすくなります。

⑫セリフ読み

「　」を作ったから
ありになって
セリフを入れてみて
そして、列を作って
さとうの所まで…
すごいでしょう。
あり
あり
実は
ひみつがあるんだ。

「ありの行列」（光村図書三年上）

「セリフ読み」で、イメージ豊かに楽しんで読むことができるようにする。

本文にない会話文を加えて読むことで、イメージ豊かに読めます。

物語文と同様に説明文を読む際にも、イメージをふくらませて読むことは重要です。そこで、本文にはない会話文を付け加えることで、イメージ豊かに読めるようになります。

会話文を入れさせたい部分に、カギ括弧を入れた文章を提示します。ペアやグループでどんな会話文を入れたらよいか考えて、音読の練習をし、発表していきます。

本文

そして、列を作って、さとうの所まで行きました。ふしぎなことに、その行列は、はじめのありが巣に帰るときに通った道すじから、外れていないのです。

しかけ文

そして、列を作って、さとうの所まで行きました。ふしぎなことに、その行列は、はじめのありが巣に帰るときに通った道すじから、外れていないのです。

あり「　　　」

すごいでしょう。

実はひみつがあるんだ。

このように、行間に会話文を入れさせる活動を通して、子どもたちは部分だけでなく、文章全体に目を向けて読むようになります。そこで「なぜ、会話文を入れたのか」を検討することで、全員でイメージを共有していくことができるのです。

⑬つぶやき読み（要点）

そうだね
①初めて赤ちゃんを育てようと…
②でも、周りに、必ずしも
そうだね
③そんなとき、インターネット…
なるほど！
ここが要点だ

「ゆるやかにつながるインターネット」（光村図書五年）

「つぶやき読み」で、要点を読み取らせる。

文章に対してつぶやくことで、筆者の考えや要点が見つけられます。

説明文では、考えを効果的に伝えるようにするために、読者に対して「なんでだろう」「そうなのか」などと考えさせるような書き方がされています。この読者の心のつぶやきを意図的に声に出すことによって、筆者の言いたいことや要点に気づかせていきます。

本文

（「そうだね」か「なるほど」のどちらか合う方をつぶやくように投げかける。）

①初めて赤ちゃんを育てようとするお父さんやお母さんは、……なやみがたくさんあるものです。

②でも、周りに、必ずしも子育ての経験が豊富な人がいるとは限りません。

③そんなとき、インターネットを用いると、……同じ立場の仲間を見つけることはむずかしくありません。

そうだね。

なるほど！

他にも、「うんうん」と「そうか」や、「へー」と「そんなんだ！」など文章のタイプに合わせていろいろなつぶやきが考えられます。このとき、軽い返事をするような「そうだね」などは、読者が知っている情報を思い出させたり、細かな説明をしているところです。そして、新たなことを知ったり考えさせられたりする文では、「なるほど」などのつぶやきが出てきます。この、「なるほど」とつぶやいてしまうところが、筆者の説明したいこと、つまり「要点」となるのです。このようなつぶやきをすることで、子どもたちは「説明文には筆者の思いがこもっている」ということを知るのです。

⑭状況置き換え読み

③
あわてて
見回りがおわるころ、しいくいんさんによばれました。
何か危ないことが起きたの？

⑤
落ち着いて
夕方、しいくいんさんから電話がかかってきました。
あれれ？大変なことが起こるはずなのに…

「どうぶつ園のじゅうい」（光村図書二年上）

「状況置き換え読み」で、状況をイメージさせる。

二つの事例の状況を反対にして音読することで、説明している状況をイメージして読むことができます。

「どうぶつ園のじゅうい」は、獣医の上田さんへ密着取材をしているような視点で描かれており、そこで取材中に起こった突発的な出来事を事例として挙げています。三・四・五段落は、三つの事件を対比しながら読むことで、獣医という仕事の大変さについて、よりわかりやすく説明してあります。

ここでは、飼育員さんが困ったときに声をかけられるという、設定は同じでも状況が全く違うということを読み取らせるために、三・五段落の二つの事件の対比が実感できるよう、読み方をわざと反対にして教師が音読します。

本文

③ 見回りがおわるころ、しいくいんさんによばれました。
いのししのおなかに　赤ちゃんがいるかどうか、みてほしいというのです。

⑤ 夕方、しいくいんさんから　電話がかかってきました。
ペンギンが、ボールペンらしいものを　のみこんでしまったというのです。

あわてた感じ ⟷ 落ち着いた感じ

このように、二つの事件を比較しながら音読することを通して、対比という文の構造を、意識しながら読むようになるのです。

⑮資料提示読み

このころになると、それまでたおれていた花のじくが…
違うよ！
それはしおれてる！
そうして、たんぽぽの花のじくは、ぐったりとじめんにたおれてしまいます。
よく晴れて、風のある日には、わた毛の…
それぞれ、どこを読むか相談してください。
どれかな？

「たんぽぽのちえ」（光村図書二年上）

「資料提示読み」で、資料と文章の対応を明確にさせる。

資料の写真を見せながらそれを説明するように音読することで、資料と文章の対応が明確になります。

説明文の中には、文の内容と対応するように資料が効果的に使われています。この文と資料との対応をつかませることは、内容を理解させていくのにとても有効です。そこで、資料写真を拡大した物を用意し、それを人に見せながら説明するように音読をさせていきます。

はじめに、グループで資料を選ばせた後、音読する場所を考えることで、段落の切れ目や説明のまとまりなどを考えるきっかけとなります。また、教師が間違えることで、子どもたちに説明させるという方法もあります。

本文

そうして、たんぽぽの　花の　じくは、ぐったりと　じめんに　たおれて　しまいます。
よく　晴れて、風の　ある　日には、わた毛の　らっかさんは……

教師が間違えると、子どもたちはむきになって、「先生違うよ」と言ってきます。これを説明することで、段落の内容や順番を考えるようになります。このような活動は、スピーチの活動で写真を提示しながら話す力をつけることにもつながっていきます。

⑯ 指さし読み

「この」っていうと近いよね。
「その」は相手の近くをさした感じ。このへんかな。
じゃあここかな？
「あの」は遠くだよね。

「『こそあど言葉』を使い分けよう」（東京書籍三年下）

「指さし読み」で、指示語の意味をとらえさせる。

どこに本が置いてあるのか指し示しながら音読することで、指示語の意味をとらえます。

「この」「その」「あの」「どの」などのように、「こ・そ・あ・ど」で始まり、「もの」「人」「場所」などを指し示すはたらきをする言葉を「こそあど言葉」といいます。

これは、指示語を学習する単元で、教科書に書いてある一文をそのまま抜き出したものです。このような、言語に関する単元でも、音読を使うことができます。

子どもたちにこの文章を読ませて、「では、こそあど言葉を使って文をつくりましょう」だけでは、なかなかできるようにはなりません。そこで、「指さし読み」を使います。

本文

① この本をとってください。（近くを指さしながら）
② その本をとってください。（相手の近くを指さしながら）
③ あの本をとってください。（遠くを指さしながら）

すると、「この」「その」「あの」によって物や人の位置が違うことがわかってきます。「どの」の場合には、本がいくつもある場面で使うということを、イメージしながら音読します。

このように、実際の場面や言葉の意味を正確にイメージしながら音読させ、イメージと言葉とをつなげることで豊かな言語感覚を育むようにしていくとよいでしょう。

⑰筆者なりきり読み（筆者の伝えたいこと）

ここは考えるように
のあるとき、
…と思いつきました。
筆者になったつもりで音読しよう。
このとき、必ずしも…
…かぎらないのだと思いました。
うんうん
ここに一番心をこめよう。

「動いて、考えて、また動く」（光村図書四年上）

「筆者なりきり読み（筆者の伝えたいこと）」で、筆者の考えを読み取らせる。

筆者になりきって音読することで、筆者の言いたかったことを想像できるようになります。

説明文読解では、筆者の書き方の工夫を考えることが大切です。そこで、学習の初期の段階では、音読するときに、筆者になりきって音読させるようにしていきます。

本文

①あるとき、「ひざを高く上げるような、大きな動作をせずに走ったらどうなるのか。」と思いつきました。
②静岡県の記録会でためしてみると、予想をはるかに上回るすばらしい結果が出ました。
③このとき、必ずしも大きな動作で走るのがよいとはかぎらないのだと思いました。

ここは考えるように。

ここに一番心をこめよう。

最初に、「筆者になったつもりで音読しよう」と投げかけると、子どもたちは線を引いたところを強調するように音読します。さらに、人に説明するように音読の練習を繰り返していくと、子どもたちは文の内容へのイメージを広げながら読んでいくようになります。このような音読を繰り返していくと、子どもたちは強調するような書き方には筆者の伝えたいことが表れていることを感じ取れるようになってきます。

筆者は自分の考えを伝えるために、構成や様々な表現を工夫しています。音読によって、しっかり筆者の思いに寄り添うようにすることで、子どもたちは自然と筆者の工夫にも迫っていくことができるのです。

この「筆者なりきり読み」は説明文を音読するときの基本となります。「なりきって読もう」たったそれだけのことですが、ただ「音読しよう」と言うのとはひと味違った雰囲気が感じられることでしょう。

⑱筆者なりきり読み（筆者の意図）

筆者になった
気持ちで
序論を音読
しましょう。
これからの百年間に
どんな…
うんうん
そこが
言いたい
んだ。
おどろく
ほど

「百年前の未来予測」（平成十七年度版東京書籍六年下）

「筆者なりきり読み（筆者の意図）」で、序論部の筆者の意図に気づかせる。

強調の表現に着目させることで、筆者の意図に迫ることができます。

説明文の学習では、要点や要旨の指導がよく行われます。しかし、高学年になってくると文量も多く、難しいと感じる人も多いのではないでしょうか。そこで、先に筆者の主張や考えをある程度つかんでしまうことで、説明の組み立てを読み取りやすくしていきます。

本文

（序論）これからの百年間にどんなことが起こるか、どんなことができるようになるかを、二十三項目にわたって予測したものです。書いた人の名前は分かりませんが、これらの予測がおどろくほどよく当たっているのです。

「この序論を筆者になったつもりで音読します。隣の人に聞かせるように音読してください」と指示をします。一読すると何も感じませんが、筆者のつもりで人に話すように読むと、おどろくほどのところが浮き上がって感じます。二人組みなどで読ませるともっと効果的です。

筆者は、この文章で未来予測の「おどろき」を書いているのです。これがわかると、本論では（予想の内容→当時の様子）という対比的な関係で効果的に伝えようとする筆者の意図が見えてきます。

このように、冷たい文という印象のある説明文ですが、筆者の側に立って読むと、考えを伝えるために言葉を工夫している姿が見えてきます。そう考えると、説明文も筆者の心のこもった文章に思えてきませんか。

⑲意味段落読み

意味段落が終ったところでやめてね。
ポイント
接続語
キーワード
内容の変化
さいしょは、人間の…
まだまだ
しかし、たとえば…
あれ？ここはどう？
ここまでかな？
次は、人を
んー
「次は」があるから…

「もうどう犬の訓練」（東京書籍三年下）

「意味段落読み」で、意味段落を分けさせる。

それぞれの子どもが、意味段落が切れていると思うところまで読むことで、なぜそのように考えたのか、文章を深く読めるようになります。

説明文の学習で、「形式段落読み」をさらに進めると、「意味段落読み」につながります。意味段落は、要点、やがて要旨の学習につながっていくので、丁寧に指導したいものです。

教師は、「ここで話が切れると思ったら音読をやめてください」と言って全員に音読をさせます。

本文

① さいしょは、人間の言うことにしたがう訓練です。
② 訓練をする人は、「カム」（来い）、「ダウン」（ふせろ）……
③ いちばんむずかしいのは、「ウエイト」（待て）の命令です。……
④ しかし、たとえば、駅で電車を待つときに、……
⑤ 次は、人を安全にみちびく訓練です。……

まだまだ早いよ。

ここだ！

行き過ぎだ。

ここでのポイントは、一緒に音読していた教師が、わざと途中でやめてしまうことです。そうすると、子どもたちは先生に「そこは違うよ！」と説明しようと一生懸命になります。この説明の中には、キーワードや接続語など、意味段落を分けるために必要な要素が含まれてきます。

普段は何気なく行う音読にも、こんな要素を少し入れて音読することで、子どもたちは様々な要素を考えながら音読することができるのです。

⑳ダウト読み

これから先生が音読します。間違いがわかったら「ダウト」と言って手を挙げてね。
およそ四百年前、外国から日本に、かるたが…
ダウト！
カードを使う遊びだ。
かるた遊びでは、一人が取りふだを…
ダウト‼
読みふだ

「かるた」（光村図書三年下）

「ダウト読み」で、言葉へ着目させる。

教師の音読の間違いを見つけながら聞くことで、言葉を大切に読むことができるようになります。

国語力を高めるには、言葉の一つひとつに着目する力をつけることが大切です。ただ音読を繰り返すだけでは、そのような力は身につきません。そこで、「ダウト読み」という音読をします。

やり方は、「これからする先生の音読の中に間違いがあります。わかったら『ダウト』と言って手を挙げてください」と説明して、音読します。

本文

およそ四百年前、外国から日本に、カードを使う遊びがつたわってきました。かるた遊びでは、一人が読みふだを声に出して読み、ほかの人たちが、それに合った取りふだをきそい合って取ります。

しかけ文

およそ四百年前、外国から日本に、かるたがつたわってきました。かるた遊びでは、一人が取りふだを声に出して読み、ほかの人たちが……

音読が始まると、子どもたちは教科書の文章をじっと見つめ、教師の範読に耳を傾けます。間違いに気づくと、「ダウト」と元気よく手が挙がります。「先生は、『かるたがつたわってきました』と読んだけど、教科書には『カードを使う遊び』と書いてあります」と答えます。間違い文と本文とを対応させて答えさせることで、教材文の言葉に着目させることができます。

この音読は、子どもたちの意欲が高まるだけではなく、授業の中で着目させたい言葉へ子どもたち全員の意識を向けさせる手立てともなるのです。

㉑スピード変化読み

ゆっくり
この赤ん坊が、……
もっと早く読んだほうがいい。
死にそうな子どもを雨の中抱いているから。
本当に雨の日だったの？晴れの日でもよかったのじゃない？
じゃあ、やってみよう。
えー
合わないよ。
やっぱりおかしい
青空が広がったある日のこと…やせ細った赤ちゃんが…

「マザー・テレサ」（平成十七年度版東京書籍五年下）

「スピード変化読み」で、筆者の表現の工夫に気づかせる。

緊迫感のある場面の会話文を教師がわざと大げさにゆっくり音読することで、場面の状況をイメージして読むことができます。

文章の中では、効果的に伝えるために表現方法が工夫されています。それに気をつけて読むことは、豊かな読みができるようにするためにも大切になります。

本文

（ゆっくり読む）
雨がふり続いていたある日のこと。
「この赤んぼうが、表通りのごみの中にすてられていました。」
買い物からもどったシスターが、やせ細ったしわだらけの赤んぼうをだいてきた。

もっと急いだ感じだよ。

場面に合わないよ。

はじめに、「この赤ん坊が……」のところを教師がわざと大げさにゆっくり読みます。すると子どもたちは、緊迫感のある場面だと気づきます。

ここでさらに、「本当に雨の日だったのかな？　晴れの日でもいいじゃない？」としかけ文を提示します。

しかけ文

青空が広がったある日のこと。
「この赤んぼうが、表通りのごみの中にすてられていました。」
買い物からもどったシスターが、やせ細ったしわだらけの赤んぼうをだいてきた。

すると、雨の方がぴったりくることを実感することができます。こうして変化のある音読をしていくことで、「雨の日」という情景が、この場面の人物の心情や筆者の意図した表現であることに気づかせることができ、その効果を実感させることができます。

㉒つぶやき読み（筆者の意図）

イヌ型ロボットを知っていますか。
知ってる知ってる
うんうん
どこがちがうのでしょうか。
違うところはえーっと…。

「生き物はつながりの中に」（光村図書六年）

「(読者の)つぶやき読み」で、筆者の説明の工夫に気づかせる。

本文の音読に対して読者の反応をつぶやくことで、序論での筆者の書き方の工夫に気づくことができます。

本文にある筆者の説明に対して、読者としての思いをつぶやきで返します。

本文

① イヌ型ロボットを知っていますか。

知っているよ。

② 生き物であるイヌの様子をよく観察して、そっくりな動きをするように…。

うんうん。

③ でも、ロボットのイヌは本物のイヌとはちがいます。

それはそうだ。

④ どこがちがうのでしょう。

ちがうところは、えーっと…。

このように返事をしていくと、反応は大きく二つに分かれます。一つは、単に(うん)(なるほど)など、あいづちを返す反応。もう一つは、(違うところは……)(それはね)など、何らかの考えや答えを返すような反応です。つまり、筆者はわかりやすい例で話をはじめ、問いかけなどにより(なぜだろう)と考えさせてから、説明を始めているのです。

文章の理解は、筆者の説明の仕方と読者の反応によって形成されていきます。このようにして、実際にそのやりとりをやってみることで、筆者の意図をはっきりと、具体的に理解することができるのです。

㉓つぶやき比べ読み（筆者の意図）

筆者役
わたしたちは、日々喜んだり…
読者役
そうですね。
筆者役
なぜ…あるのでしょう。
読者役
なんでだろう？
序論を簡単に言い換えると…
感情について説明します。
はい。
わかるけど、おもしろくないな。

「感情」（光村図書六年）

「つぶやき比べ読み」で、序論の役割と筆者の意図に気づかせる。

本文のつぶやきと、しかけ文のつぶやきを比べることで、序論の役割と筆者の工夫に気づくことができます。

説明文の序論の部分では、筆者が読者をひきつけるため、様々な工夫をしています。これを筆者役が本文を音読し、読者役がつぶやくことで実感できるようにします。

本文

筆者役（音読）	読者役（つぶやき）
わたしたちは、日々喜んだり、悲しんだりしています。	そうですね。
過去をふり返ってくやんだり、将来に対しても、少しのことで希望をもったり、反対に不安になったりします。	
喜びや希望のような感情ばかりだったら、毎日はもっと楽しくなるように思えます。	楽しい。
でも、実際はそうではありません。	そうなんだよね。いやなこともある。
なぜ、わたしたちには不安や後悔などの、楽しさをそこなうような感情があるのでしょう。	なんでかな。

ここで、「長いからもっと簡単に説明したらいいんじゃないの」とセンテンスカードを提示し、比較します。

しかけ文

筆者役（音読）	読者役（つぶやき）
感情について説明します。	はい。

「これでもいいけど、おもしろくない」「本文の方は、読者に興味をもってもらおうと感情に関係する話をしてくれている」「問いの文があるから、なんでだろう。知りたいなと思える」このように、「つぶやき比べ読み」を行い、筆者と対話するように読むことで、序論の役割と筆者の意図に気づくことができるのです。

㉔文末表現入れ替え読み

はじめてとれた。
この大きさだと、…はずです。
一匹しかとれていないのに自信あるなあ。

予想どおり…
とれた所から…と思われました。
予想どおりだから、自信をもってもいいのに。

「ウナギのなぞを追って」（光村図書四年下）

「文末表現入れ替え読み」で、事実に対する筆者の考えの変化に気づかせる。

二つの文の文末表現を入れ替えて音読することで、筆者の確信が変わっていくことに気づきます。

しかけ文A

(事) はじめてとれた。体長は五十四ミリメートル。

(意) この大きさだと、生まれてからだいぶ時間がたっているため、かなりのきょりを海流で流されてきた はずです。

「はずです。」って一匹しかとれてないのに自信満々だな。

しかけ文B

(事) 予想通り、四十、三十、二十ミリメートルと小さくなった。生後二十日ほどのものを約千匹とった。

(意) とれた所から、二十日分のきょりを計算して海流をさかのぼれば、親ウナギがたまごを産んだ場所にたどりつける と思われました。

「思われました。」でもいいけど、もう少し自信もっていいと思う。

どうしておかしいのかを事実と文末表現に着目して、説明し始めます。「前の方は、一匹しか見つけてないのに『〜はずです。』はおかしい。『のでしょう。』とか『思われました。』がいい」「Bの方は、千匹も見つけて、自分たちの予想が当たっているから『〜はずです。』と言っていい」 このように、同じ意見の文でも、事実に対する筆者の確信の程度によって文末表現を変えていることに気がつくでしょう。

㉕文末表現比べ読み

見回りが…
しいくいんさんに
よばれました。
何があったのかな？
見回りが…
しいくいんさんに
よばれます。
いっつもよばれて
いるみたい。大変…。
おかしいよね～

「どうぶつ園のじゅうい」（光村図書二年上）

「文末表現比べ読み」で、習慣と出来事を読み分けさせる。

文末を置き換えた文と比べて読むことで、習慣と出来事を読み分けることができます。

説明文の文末は、筆者の意図で「です・ます」や「ました」で書き分けられています。「です・ます」は習慣や事実、「ました」は出来事を表し、それをきちんと読み分ける力も子どもたちには身につけさせたいものです。しかし、「これは習慣だよね。これは出来事」と言われてもうまく理解できない子どももいます。

本文 見回りがおわるころ、しいくいんさんによばれました。
はい、はい、どうしました。

しかけ文 見回りがおわるころ、しいくいんさんによばれます。
もう、いっつもよぶ。はいわかりましたよ。

本文 夕方、しいくいんさんから　電話がかかってきました。
はい、どうしましたか。

しかけ文 夕方、しいくいんさんから　電話がかかってきます。
はいよ、しいくいんさん、まいど。

子どもでも「この日だけのことだから『ました』じゃないと……」と使い分けを判別することができます。

このように置き換えた文と並べて、声に出して音読することで、その言葉にした筆者の意図や必然性を実感できます。また焦点化させて考えることがきっかけになり、子どもは他の文はどのように書いてあるのかに目を向けるようになります。

㉖文末表現置き換え読み

わたしがこの調査に……はずです。
自分のことなのに…
予想どおり……はずです。
予想どおりなんでしょ？
音読してみるとわかりやすいね
〜です。〜でした
＝事実
〜はずです。〜考えました。〜思われました。
＝意見

「ウナギのなぞを追って」（光村図書四年下）

「文末表現置き換え読み」で、事実と意見を区別させる。

文末をすべて意見の文（〜はずです）に置き換えることで、文末表現の使い方の違いに着目できます。

文末表現には筆者の考えが表れます。文末表現から、事実か意見かを区別することができます。

しかけ文

わたしがこの調査に加わるようになったのは、一九七三年のはずです。

調査グループは、調査のはんいを南へ、そして東へ広げていったはずです。

海流の上流に行くほど、小さいものがいるはずです。

予想どおり、体長は四十、三十、二十ミリメートルと、しだいに小さくなったはずです。


なぜ自分のことがわからない。

調査なのにあいまいだな。

そうなの。

予想どおりなのに。


「全部、『はずです。』にしたらいけない」「『予想どおり』とあるから、ここは調査の結果が書かれるはず。だから、『小さくなりました。』の方がいい」「自分のことはわかるから、『です』でいい」

このような発言を整理して、事実と筆者の意見があることに気づかせます。

・〜（の）です。〜（の）でした。〜ます。〜ました。　→事実の文
・〜はずです。〜考えました。〜思われました。　→意見の文

さらに「全部『です。』に変えたらだめなの？」とゆさぶってみます。すると、「はっきりわかってないことを言い切ってはいけない」と使い分けの必要性に気づくはずです。

㉗問い答え読み

これはなんのはなでしょう。
これは、ぞうのはなです。
答え役
問い役

「どうぶつのはな」（平成十七年度版東京書籍一年上）

「問い答え読み」で、筆者の主張を読み取らせる。

説明方法である問いと答えの役割に分かれて音読することで、筆者の主張が読み取れます。

説明文では、問いと答えの関係が大切です。問いと答えを意識して音読することによって、この関係を一年生にもつかませることができます。

まず、問い役と答え役を決め、問い役の子が問いの文を音読します。

本文

これは、なんの　はなでしょう。（問いの子が音読する）
これは、ぞうの　はなです。（答えの子が音読する）

高学年では、このように問いと答えの文を取り出して音読するだけでもよいでしょう。低学年の場合は、動作をつけながら音読すると、より問いと答えの効果を感じ取りやすくなるでしょう。

【動作のつけ方（例）】

・問いの文では、腕を組んで首をかしげながら音読する。
・答えの文では、「これは」のところで挿絵を指で指し示しながら音読する。

また、問い役の子と答え役の子が向かい合わせになって相手を意識しながら音読をさせると、問いと答えの文が対応していることがわかります。

このように、「問い答え読み」をすることで、問いと答えの関係がわかり、筆者の主張を読み取れるようになります。

㉘ 問い答え役割読み

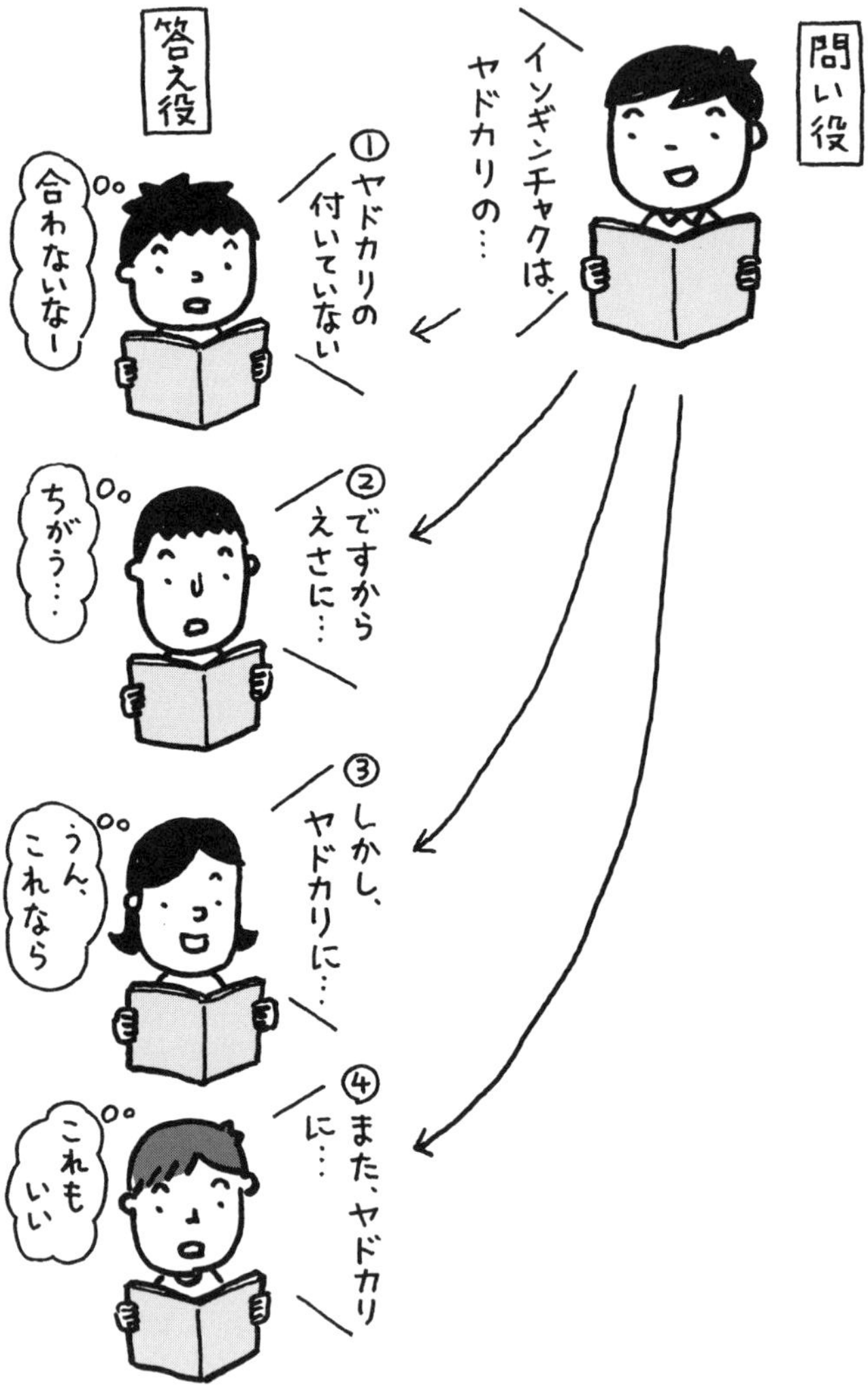
問い役
イソギンチャクは、ヤドカリの…
答え役
①ヤドカリの付いていない
合わないなー
②ですからえさに…
ちがう…
③しかし、ヤドカリに…
うん、これなら
④また、ヤドカリに…
これもいい

「ヤドカリとイソギンチャク」（東京書籍四年上）

「問い答え役割読み」で、問いと答えの関係をつかませる。

問いと答えの文を一文ごとに分けて読むことで、対応する問いと答えの文を見つけることができます。

「問い」と「答え」の関係から、筆者の主張を読み取らせることができます。しかし、文の数が増えてくると「問い」と「答え」を対応して読ませるのはなかなか難しいです。そこで、「問い答え役割読み」で、文章同士の相互関係をつかませます。

問いの文、文①〜④で役割を分けます。問いの文に対して文①〜④の人が答えるように音読します。

本文

（問い）イソギンチャクは、ヤドカリの貝がらに付くことで、何か利益があるのでしょうか。

文① ヤドカリの付いていないベニヒモイソギンチャクは、ほとんど動きません。

文② ですから、えさになる魚やエビが近くにやってくるのを待つしかありません。

文③ しかし、ヤドカリに付いていれば、いろいろな場所に移動することができるので、その結果、えさをとる機会がふえます。

文④ また、ヤドカリに付いていると、ヤドカリの食べのこしをもらうこともできるのです。

答えになってない。

これもだめ。

これは合っている。

これもいい。

こうして、問いの文に対して返事をするように答えの文を音読させていくことで、「問い」と「答え」の呼応関係をつかませていくことができます。しかしやまたなどの接続語もあわせて指導すると、答えを見つける手がかりについても指導することができます。（㉟〜㊴ページ、「接続語読み」参照）

㉙博士読み

「問い」と「答え」のほかに実は、この説明文の中に、博士が登場するところがあります。博士は物知りだから何でも知っています。
問い役
これは何のはなでしょう。
問い
答え役
これはぞうのはなです。
博士役
ぞうのはなは、ながくて、いろいろなむきに…

「どうぶつのはな」（東京書籍一年上）

「博士読み」で、具体的な説明部分を理解させる。

詳しく説明している部分を博士役が読むことで、問い・答え・説明のつながりに気づきます。

「どうぶつのはな」は、主に問いの文、答えの文、具体的な説明の文の三つの文の繰り返しによって書かれています。

㉗「問い答え読み」で問いと答えの学習をした後、それと組み合わせて博士読みをしてみてはどうでしょうか。

博士読みをする前に、子どもたちには「実はこの説明文の中に、博士が登場するところがあります。博士は物知りだから何でも知っています」と話します。そして、博士役を決め、博士が説明していると思うところを音読するようにします。

本文

これは、なんの　はなでしょう。　↑問い役
これは、ぞうの　はなです。　↑答え役
ぞうの　はなは、ながくて、いろいろな　むきに　まがります。はなを　じょうずに
つかって、えさを　たべたり、みずを　あびたり　します。　↑博士役

博士役の子どもはみんなにわかってもらおうと、挿絵を使ったり腕をぞうの鼻のように動かしたりして音読をします。ここでは、博士が出てくる文章は、内容をより詳しく説明している文章であることを教えます。

このように、博士読みをすることで、説明文の中で具体的に説明しているところがどこかがわかるようになります。

㉚語尾上げ読み

どこが問いの文かな？
文の最後を上げて音読
することで探しましょう。
夏になると、庭や…
…あります。
その行列は…
…見えません。
それなのになぜ…
…でしょうか。
これだ！

「ありの行列」（光村図書三年上）

「語尾上げ読み」で、「問い」の文を見つけさせる。

語尾を上げて音読することで、問いの文を見つけられます。

説明文では、書かれている「内容」とともに「文の書かれ方」を読み取っていきます。その基本となるのが「問い」の文です。この「問い」の文を見つけるのが難しいときには、語尾を上げて音読させます。

「どこが問いの文かな？　文の最後を上げて音読することで、探しましょう」と教師が投げかけて音読をします。

しかけ文

夏になると、庭や公園のすみなどで、ありの行列を見かけることがあります。

その行列は……ありは、ものがよく見えません。

それなのに、なぜ、ありの行列ができるのでしょうか。

ちがう。

聞くのは変。

これだ！

こうすると、これが問いの文であるとはっきりわかります。このような経験を積み重ねることで、「……か。」で終わっていたり、「なぜ」という言葉が入っていたりする文章が問いの文章であることがわかります。さらに、答えを探していくと、「それは、○○です。」と説明している部分が答えであることがわかります。このように、語尾を上げて音読することで、子どもたちは実感として「文の書かれ方」を身につけることができます。

このような書かれ方の工夫を、声に出して読むことは、文章力や話す力の向上にもつながっていきます。

㉛ か・よ・ね読み

「問いかけ」の文は「か」を文末に入れるとわかります。
ヤドカリは、まき貝の中にすんでいますか。
さっき「すんでる」って勉強したよ。
どうやってすみかえるのでしょうか
それだ！

「ヤドカリのすみかえ」（平成十四年度版光村図書三年上）

「か・よ・ね読み」で、問いの文を見つけさせる。

終助詞を補って音読することで、問いの文を見つけることができます。

㉚「語尾上げ読み」に加えて、問いの文を見つけるための音読です。。
そこで、「実は、たった一文字『か』を入れて読むだけで、ぴったりくる文を見つけることができるんだよ」と説明して、すべての文の文末に「か」をつけて読んでみます。

しかけ文

ヤドカリは、まき貝のからの中にすんでいますか。

さっき「住んでる」ってやったじゃん。

海べで、一ぴきのヤドカリをかんさつしましたか。

観察したんでしょ。(笑)

しかけ文

どうやってすみかえるのでしょうか。

ここ、ここ。

子どもたちは口々に「ここ、ここ!」と言います。「問いの文」を見つけることができなかった子どもも、自分で「感じること」ができるので、自信をもって答えることができます。
さらに、『よ』や『ね』を入れて読むこともできる」と話します。

しかけ文

ヤドカリは、まき貝のからの中にすんでいますよ。

読む人に、紹介しているみたい。

ヤドカリは、まき貝のからの中にすんでいますね。

読む人に確認している感じだ。

こうすると、筆者が、語りかけている感じがしてきます。また、同じ文章で「よ」と「ね」がどちらがふさわしいのか、比較することで文章のそれぞれの役割を考えるようになります。

㉜ 主語読み

これは何のことかな？
石をあらわして
「グー」だ。
このときの「グーは」は主語といいます。
グーは、
みんなは主語のところだけ読んでね。
「グー」は、石をあらわしています。
「チョキ」は、はさみ、
「パー」は、かみをあらわしています。
「グー」は
「チョキ」は
「パー」は
石は、はさみではきれません。
主語は「石は」だ！
あれ？

「じゃんけん」（平成十七年度版東京書籍 一年下）

「主語読み」で、主述関係をとらえさせる。

主語役になって文章の中の主語だけを音読することで、主語の意味を理解することができます。

はじめに、石をあらわしていますと書いたカードを出します。「これは、何のことかな？」と教師が問うと「グー」と子どもたちは答えるはずです。そこでグーはというカードを出し、主語という言葉を教えます。チョキはパーはについても同じようにカードを出して、主語であることをおさえます。

そして、音読をしていきます。

本文

「グー」は、石を　あらわして　います。「チョキ」は　はさみ、「パー」は　かみを　あらわして　います。

（主語の部分は子どもが、それ以外は教師が音読する）

かんたん、かんたん。

はじめに主語となる言葉をカードでおさえているので、ほとんどの子どもが音読することができるでしょう。そこで、次の文を提示し、同じように主語読みをしてみます。

本文

石は、はさみではきれません。

これはどれ？

「あれ？　今度は『グーは』とか『チョキは』とかじゃんけんが出てこないよ」「今までは、主語はいつも文の最初にあったから『石は』が主語だよ」「主語は全部『〜は』になっているよ」このような話し合いを通して、主語への理解を深めていくことができます。

子どもたちは、繰り返し音読をすることで、他の文章になっても主語を見つけることができるようになります。日記指導などで、「主語があるとわかりやすいね」と声かけをすることで、さらに書くことにも生かすことができます。

㉝題名置き換え読み

「ウミガメのはまを守る」を変えてみようよ。
えー
こんなのどう？
ウミガメとはまを守る
え？いっしょに？
それは違う！
じゃあこれは？
ウミガメがはまを守る
何それ！
ウミガメにまかせちゃうの？

「ウミガメのはまを守る」（平成十七年度版東京書籍四年下）

「題名置き換え読み」で、題の意味を考えさせる。

言葉遊びの要領で助詞を変えることで、題のもつ意味も変わってしまうことに気づきます。

説明文の題は大切です。それは、題が説明文の内容を最も短くまとめたものだからです。その助詞の部分を少し変えて提示することで、意味の違いに気づかせます。

まず、「『ウミガメのはまを守る』って題が書いてあるけれど、ちょっと変えてみようよ」と言って、教師が板書をします。

しかけ文

「ウミガメ と はまを守る」 一緒にやっているみたい。

「ウミガメ が はまを守る」 帰れ、人間ども！

「ウミガメ から はまを守る」 ウミガメを倒せ！

「違う！」「おかしい！」と子どもたちは指摘するはずです。そこで、「そうかなあ。ちょっと読んでみようよ。読んだら一緒かもしれないよ」とみんなで音読をしてみます。

音読をすると、おかしいと思っていなかった子どもも「変だな？」という印象を受けます。この、「変だな？」という感覚が大切なのです。ウミガメが産卵するはまを人間が守るというお話なので、ウミガメと（一緒に）はまを守っても、ウミガメがはまを守っても内容に合わないのです。

このように、言葉遊びの要領で助詞を変えることで、題のもつ意味が変わってしまうということを、子どもたちは感覚的にわかるようになります。言語感覚は、こんな経験を積み重ねることで育てていけるのです。

㉞助詞置き換え読み（本文）

しまうまの赤ちゃんも生まれたときに、もうやぎぐらいの……
しまうまの赤ちゃんも生まれて三十ぷんもたたないうちに…
しまうまの赤ちゃんもおかあさんのおちちだけ……たった七日ぐらいの…
先生は「も」と読んだけれど「は」と書いてあるよ。
本当だ。でも「も」でも意味がわかるよ。いいんじゃない？
ライオンとしまうまの赤ちゃんは違うんだから「も」はおかしい。
うんうん

「どうぶつの赤ちゃん」（光村図書一年）

「助詞置き換え読み」で、対比の構造に気づかせる。

「助詞」を置き換えて音読することで、二つの事例の対比関係に気づきます。

説明文の文構造に対比というものがあります。低学年の子どもたちに「対比」という言葉を理解させるのは難しいですが、「二つのことを比べていて、違いはどこか」という目は育てていきたいものです。

本文

ライオンの　赤ちゃんは、生まれた　ときは、子ねこぐらいの　大きさです。
しまうまの　赤ちゃんは、生まれた　ときに、もう　やぎぐらいの　大きさが　あります。

筆者は、このように比べることで、「同じ赤ちゃんでも、動物によっていろいろな大きさなんだな」ということを読者にわかりやすいように説明しています。ただ、この二つの文は異なるページにある文章なので、つながりが見えない子どももいます。そこで、範読する際に、次のように置き換えて音読します。

しかけ文

しまうまの　赤ちゃん**も**　生まれた　ときに、もう　やぎぐらいの　大きさが　あります。
しまうまの　赤ちゃん**も**　生まれて　三十ぷんも　たたない　うちに、じぶんで　たち上がります。
しまうまの　赤ちゃん**も**　おかあさんの　おちちだけ　のんで　いるのは、たった　七日ぐらいの　あいだです。

すると、子どもたちは「先生は『も』と読んだけど、本当は『は』と書いてあるよ」と言いたくなります。そこで「本当だね。でも『も』って読んでも意味わかったでしょ？　それならいいよね」とゆさぶると、子どもたちは「ライオンとしまうまの赤ちゃんは違うんだから『も』はおかしい」と、いつの間にか「二つの動物の違い」について着目するようになります。

㉟接続語強調読み（逆説）

①
まえに
そこでは
いろんなことに
出会います。
なんだか
読みにくい
なあ
と…
しかし、どんなことが
あっても、おこったり
ほえたり、
あばれたり…
「しかし」のところで
動作をつけてみよう。

②
まえに
強く
しかし
どんなことがあっても
この方が「しかし」の
意味に合ってるな。
②の方が
ぴったり
だな。

「もうどう犬の訓練」（東京書籍三年下）

「接続語強調読み（逆説）」で、逆接の接続語の意味をつかませる。

逆接の前後の文を強調して読み比べ、接続語の意味を考えることができます。

要点や筆者の主張をつかんでいくための一つの手がかりとなるのが、接続語です。それを音声化することで、そのはたらきを体感させます。

本文

もうどう犬は、たくさんの人がいそがしく動き回っている町で仕事をします。そこでは、いろんなことに出会います。しかし、どんなことがあっても、おこったり、ほえたり、あばれたりしてはいけません。

「どちらが大切な文かな。読んで確かめてみよう」と投げかけ、音読していきます。

前を大きく読んで、後を小さく読むと、違和感があり、なんだか読みにくく感じます。反対に、前を小さく読んで、後ろを大きく読むと、ぴったり合います。

しかし、の前後の文を強調し、比べて読むことで、しかしという言葉に対するイメージが広がり、後ろの方に重みがある文であるということを、まさに体感し、感じ取るのです。

このように、接続語についても「後ろの方が大切な文だよ」と知識として知らせるのと同時に、感覚的に「感じる」ようにしていくことで、その言葉の理解を深めることも大切にしていきたいものです。

㊱接続語動作読み（逆説）

大切な方の文で前に出てね。
もうどう犬は、たくさんの…
しかし、
どんなことがあっても…
う〜ん…
もうどう犬は、たくさんの…
しかし、
どんなことがあっても…
こっちの方がぴったり
しかしの後が言いたいんだ。

「もうどう犬の訓練」（東京書籍三年下）

「接続語動作読み（逆説）」で、逆接を表す接続語の意味を考えさせる。

接続語の前後の文を、動作をつけながら読み比べることで、接続後の意味への理解を深めます。

本文

① もうどう犬は、たくさんの人がいそがしく動き回っている町で仕事をします。そこでは、いろんなことに出会います。

② しかし、どんなことがあっても、おこったり、ほえたり、あばれたりしてはいけません。

㉟「接続語強調読み（逆説）」の発展形です。

グループの中で しかし の前の文を読む人①と、後ろの文を読む人②に分かれます。

「どちらが大切な文かな。大切な文の人が前に出て読んでみましょう」

「前の文の人が前に出て読み、後の文の人が下がって読むとなんだか読みにくい」このように動作をつけて音読すると、子どもたちは「前の文の人が後ろに下がり、後の文の人が前に出て読むと、ぴったり」などと言います。

動作をつけたことで、しかし という言葉に対するイメージがより具体的に立体的になり、後ろの方に重みがある文であるということを体感するのです。

このような動作化は、理解が難しい子どもにとっても楽しく活動することができます。最初はよく理解していなかった子どもも、繰り返し読んでいるうちに しかし のイメージをつかんでいくことができるでしょう。

㊲接続語強調読み（並列・添加）

①現在のインスタント
食品が…
②また、インスタント
食品は…
まだあるよ。
③さらに、価格という
面でも…
もっと
もっと

「インスタント食品とわたしたちの生活」（東京書籍五年下）

「接続語強調読み（並列・添加）」で、意見を重ねる書き方を理解させる。

「また」や「さらに」を強調して音読することで、意見を重ねて述べるための表現が理解できます。

説明文では、筆者はいくつかの説明を積み重ねていくことで論を展開しています。そのときには、様々な接続語を使います。ここでは、意見を重ねて書いていくときによく使われる「また」や「さらに」に気をつけて音読させていきます。

本文

①現在のインスタント食品が、…家庭でする調理を工場が代わりにしてくれたようなものになっています。（一人目）

②［また］、インスタント食品は、加工されていない食品に比べて、長い間保存できます。……。（二人目）

③［さらに］、価格という面でも安くすむということが言えるでしょう。（三人目）

このような文章を三人で分担して読ませます。その時に、［また］や［さらに］は強調して読ませます。もっと強調したいときには、動作をつけて音読させることもあります。（㊱「接続語動作読み」参照）こうすることで、子どもたちは意見や説明を重ねるときの書き方を理解していきます。このような意見の述べ方は、ディベートで立論や反論をするときにも活用できます。

このように、接続語を意識して音読させることで、読む学習で身につけた言葉の力を他の学習にも生かせるようにしていきたいものです。

㊳接続語役割読み（順序）

これから作り方を誰かに説明するように音読していきます。一つ目、二つ目と手順ごとに担当を決めてください。

まず、大きい画用紙で…

つぎに、切ったところを…

それから、画用紙を…

こんどは、小さい
さいごは…


「しかけカードの作り方」（光村図書二年下）

「接続語役割読み（順序）」で、順序を表す言葉を見つけさせる。

相手に説明するように音読することで、順序を表す言葉に着目できます。

低学年の説明文で、特に指導するのは物事の書かれている順序です。ですが、このときに忘れてはならないのは、順序を表す接続語です。音読を用いてそんな接続語を身につけさせていきます。

まず、「これから作り方をだれかに説明するように音読していきます。一つ目、二つ目、と手順ごとに担当を決めてください」と指示します。この担当を決めるときに、「まず」や「次に」などに着目させていきます。

本文

（作り方）
まず、大きい色画用紙で、カードを作ります。画用紙を半分におって……。
つぎに、切ったところをしゃしんのようにおります。はんたいがわにも……。
それから、色画用紙をひらきます。…。
こんどは、小さい色画用紙で、しかけの台にはるかざりを作ります。……。
さいごに、……。
これで、しかけカードのできあがりです。

↑（みんなで読む）

このように、接続語に気をつけて音読していくことで、文章をつないでいく感覚がつくられていきます。自分の番になったら立って読む、横から出てきて読むなど、動作を伴って読むようにしていくのもおもしろいでしょう。

さらに、「今度はできるだけ短く説明して」などと条件をつけると、要点を読み取る学習にもなります。

ここでも、大切なのは声に出させたり動作をつけたりして、言葉の感覚を伴わせることです。スピーチや作文などの学習をするときに、「まず」や「次に」などの言葉が口をついて出てくるぐらいにしたいものです。

㊴接続語役割読み（まとめ）

①ひとつの花のように…
②花がしぼむと…
③みがじゅくすと…
④晴れた日に…
⑤わた毛が土におちると…
このようにして、たんぽぽは、いろいろなところに生え、…

「たんぽぽ」（東京書籍二年上）

「接続語役割読み（まとめ）」で、本論と結論のつながりに気づかせる。

説明のところは一人で、まとめのところはみんなで音読することで、事例とまとめの関係をつかませます。

説明文の構造を考える学習では、その初歩として、序論・本論・結論・に分けていきます。このとき、「このように」や「このようにして」「こうして」など、まとめの接続語は結論を見つける大きな手がかりになります。

本文

本論（説明①）一つの花のように見えるのは、小さな花のあつまりなのです。……

（説明②）花がしぼむと、みがそだっていきます。……

（説明③）みがじゅくすと、くきはおき上がって、たかくのびます。

（説明④）晴れた日に、わた毛がひらきます。……

（説明⑤）わた毛が土におちると、わた毛についているたねが、やがてめを出します。

結論（まとめ）このようにして、たんぽぽは、いろいろなところに生え、なかまをふやしていくのです。


「説明のところは一人で読もうね。まとめのところはみんなで読むよ」などのように役割を決めて音読をしていきます。こうした音読をしていく中で、本論が集まって結論がつくられるという文の対応関係を、二年生にも楽しくわかりやすく理解させることができます。

このようにして、効果的な接続語の使い方を感覚的に身につけると、「話すこと」「書くこと」に活用される力につながります。

㊵事例入れ替え読み

入れ替えて音読してみよう。
イソギンチャクとクマノミ
ホンソメワケベラと大きな魚
ホンソメワケベラと大きな魚は…
ホニソメワケベラって何だろう？
イソギンチャクとクマノミは…
イソギンチャクは知っている。
わかりやすいほうから紹介したほうがいいよ！

「サンゴの海の生き物たち」（平成十七年度版光村図書二年上）

「事例入れ替え読み」で、事例の順序を考えさせる。

事例の順序を入れ替えて音読することで、筆者の意図を考えることができます。

説明文では、いくつかの事例が書かれています。この事例の並べ方にも、筆者の工夫がこめられています。次のように、センテンスカードを使い要点を示します。時間的な順序の事例ではないため、一見すると別に問題のないように見えますが、声に出して読んでみると子どもたちは「ちょっとおかしい」と感じます。

> **しかけ文**
>
> ㊄序 どんな生きものたちが、どんなかかわり合いをしているのでしょうか。
>
> ㊄本 ホンソメワケベラと大きな魚はたがいに助け合っているのです。
>
> ㊄本 イソギンチャクとクマノミは、たがいにまもり合っているのです。
>
> ㊄結 このように、たくさんの生きものたちがさまざまにかかわり合ってくらしています。

□の部分だけ声に出して読むと、「初めて読んだときホンソメワケベラって読みにくかった」と気づく子どもがいます。「なんで読みにくいんだと思う」と問い返すと、「名前が長いから」「初めて聞く名前だから」などの答えが返ってくるでしょう。

「みんなが筆者ならどちらから紹介する?」と聞くと、「イソギンチャクは知っている人が多いから先に紹介する」「わかりやすいものから紹介する」と順序の意図に気づき始めます。

このように、事例の順序を入れ替え、本文と比較しながら音読させることで、事例の順序に着目させます。そして、本文と比べることで、筆者の意図を考えることができるようにしていきます。

㊶キーワード置き換え読み

これでも
いいんじゃない?
どんな生き物…守り合い
イソギンチャク…守り合い
ホンソメワケベラ…守り合い
このように……守り合って
え〜〜!
変だよ。
ホンソメワケベラと
大きな魚は
守り合っては
いないよ。
そうじをして
もらっているだけ。

「サンゴの海の生きものたち」（平成十七年度版光村図書二年上）

「キーワード置き換え読み」で、本論と結論のつながりに気づかせる。

着目させたい言葉をあえて違う言葉に置き換えることで、本論と結論のつながりに気づきます。

説明文を論理的に読ませるために大切なことは、序論・本論・結論のまとまり、相互の関係をとらえさせることです。キーワードを置き換えることで、それらのつながりに着目させていきます。

序論・本論・結論のまとまりを学習した後、次のようなしかけ文を提示します。

本文

序 どんな生きものたちが、どんな かかわり合い をしているのでしょうか。
本 イソギンチャクとクマノミは、たがいに まもり合っている のです。
本 ホンソメワケベラと大きな魚はたがいに 助け合っている のです。
結 このように、たくさんの生きものたちがさまざまに かかわり合って くらしています。

← 置き換え

しかけ文

序 どんな生き物たちがどんな まもり合い をしているのでしょうか。
本 イソギンチャクとクマノミは、たがいに まもり合っている のです。
本 ホンソメワケベラと大きな魚はたがいに まもり合っている のです。
結 このように、たくさんの生きものたちがさまざまに まもり合って くらしています。

すると子どもたちは、「ホンソメワケベラと大きな魚は、まもり合っているわけではない」「掃除してもらっているだけ」と事例のまとめの言葉の違いに気づくことができるでしょう。

また、結論に入る言葉は 助け合って では合わないことに目を向けさせると、 まもり合い と 助け合い をまとめて かかわり合い にしているという本論と結論のつながりに気づかせることができるでしょう。

このように、まとめの言葉に着目させる音読によって、文全体のつながりを読ませることができるのです。

㊷ 一文読み

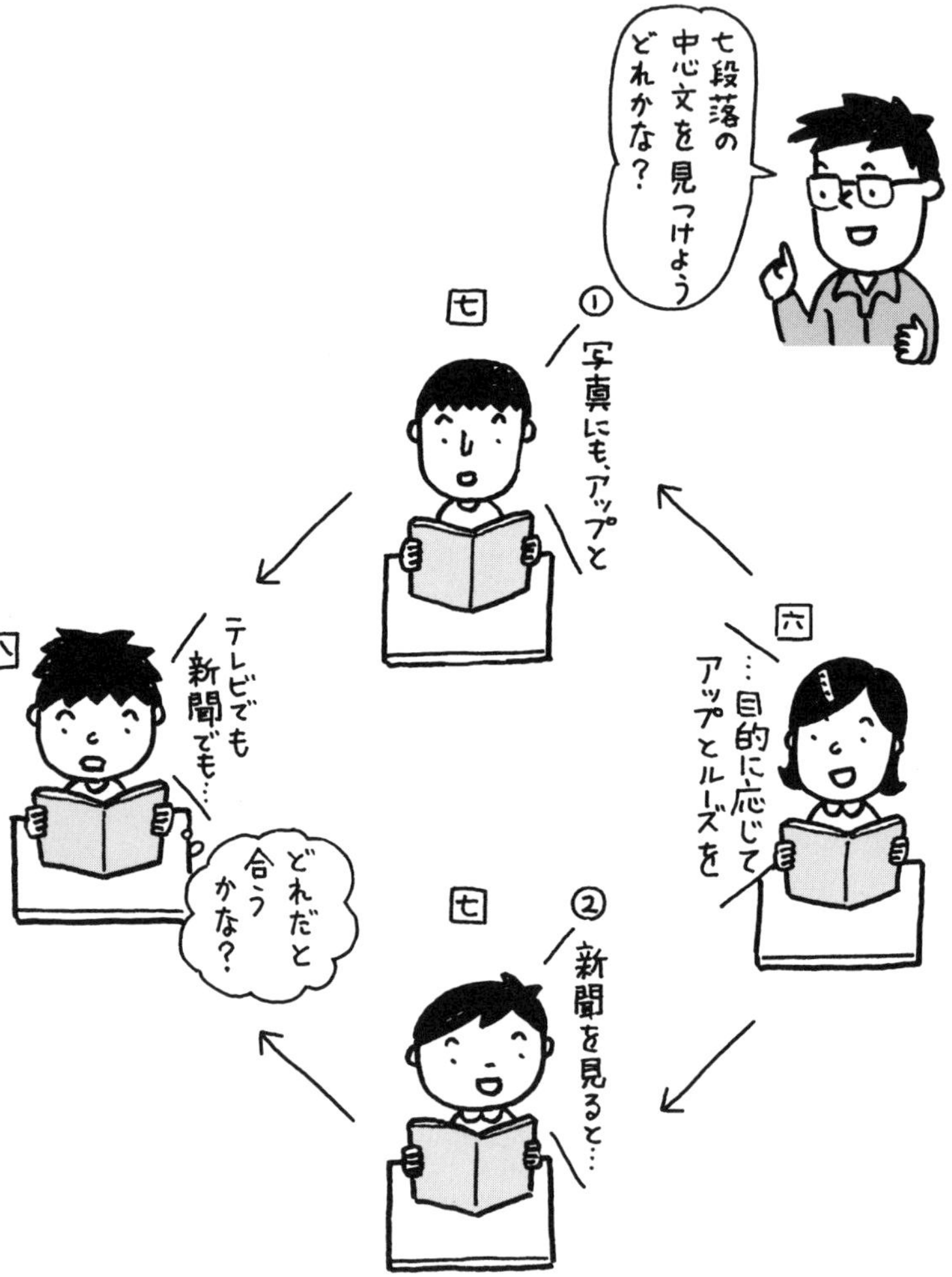
七段落の中心文を見つけようどれかな？
①
七
写真にも、アップと
六
…目的に応じてアップとルーズを
②
七
新聞を見ると…
八
テレビでも新聞でも…
どれだと合うかな？

「アップとルーズで伝える」（光村図書四年下）

「一文読み」で、要点を考えさせる。

段落の中から一文ずつ選んで音読し、前後の段落とつながりから要点の文をつかむことができます。

要点を考えるときには、中心文を見つけることが大切です。しかし、その中心文を見つけることが難しい場合も少なくありません。そこで、次のような音読を行います。

本文

六段落 …目的におうじてアップとルーズを切りかえながら放送をしています。
七段落 ①写真にも、アップとルーズでとったものとルーズでとったものがあります。
②新聞を見ると、伝えたい内容に合わせて、どちらかの写真が使われていることが分かります。
③紙面の広さによっては、それらを組み合わせることもあります。
④取材のときには、いろいろな角度やきょりから、多くの写真をとっています。
八段落 テレビでも新聞でも、受け手が知りたいことは何か、送り手が伝えたいことは何かを考えて、アップでとるかルーズでとるかを決めたり、とったものを選んだりしているのです。

七段落の要点を見つけたいとき、六段落→①〜④の一文→八段落の順番で音読します。そうして、どの一文を読んだら意味がつながるか考えていきます。すると、③と④は明らかに違うことがわかります。①と②はどちらもおかしくないのですが、八段落の新聞でもとの対応を考えると、②がつながることがわかります。このような音読によって、中心文をつかませていきます。

㊸事例とばし読み

八段落は違うことを言っているからいらないね。
七 多くのこん虫は……
九 ほご色は……
八 こん虫が……
なくても通じるけど…

「自然のかくし絵」（東京書籍三年年上）

「事例とばし読み」で、事例を選んだ筆者の意図を考えさせる。

なくても主張が伝わる事例をとばして音読し、比較することで事例の選び方の意図に気づきます。

説明文の中には、それまでの説明の流れと違う事例（反対の意味をもつ例、内容的には同じだが違う事象を説明した例など）を最後に挙げることがあります。この段落がどのような効果をもつか、音読を通して検討することで、事例の選び方を論理的に考えさせていきます。

本文（要点）

五段落　トノサマバッタは、自分の体がほご色になるような場所をえらんですんでいる。
六段落　ゴマダラチョウのよう虫は、まわりの色が変わっていくにつれて、体の色がかわる。
七段落　多くのこん虫は、長い時間休む場所の色に、にた色をしている。
八段落　こん虫は、自分の体の色と同じような色をした所にいたとしても、動いたときには見つかって食べられてしまう。
九段落　ほご色は、てきにかこまれながらこん虫が生きつづけるのに、役立っている。

他の段落と比べると、八段落は違ったことを説明しています。ここで、教師が「この例は今までと違うことを言っているからいらないね」と投げかけます。この段落がある場合とない場合を音読しながら比較すると、この段落がなくても意味は通じることがわかります。この事例がある理由を話し合うことで、保護色に守られていても見つかってしまう例を入れることで、より客観性を高めていることに気づかせていきます。

㊹頭括読み

要点は大切な文なのでみんなで。それ以外はマル読みで読みましょう。
ニホンカモシカは、日本の…
なるほど、寒さ知らず…
寒冷地にすむ動物は

「動物の体と気候」（平成十七年度版東京書籍五年上）

「頭括読み」で、要点の述べ方を理解させる。

要点が前にある文を音読することで、頭括の文型が理解できます。

段落中の要点の場所は、大きく分けて三つあります。その中の一つで、文の最初に要点があるものを、『頭括型』といいます。この書き方では、普通最初に要点があり、その後に理由がきます。これは、子どのたちの話し方としても最も一般的な述べ方です。これを意識して音読していくことでこの文型を理解させていきます。

本文

寒冷地にすむ動物は、防寒用のすぐれた毛皮を身に着けている。（みんなで読む）

ニホンカモシカは、日本の山がく地帯に住んでいる。……なるほど、寒さ知らずなのだろうと思う。（マル読み）

事例ごとに要点をまとめていくと、この頭括型で書かれている文が多いことに気づきます。このことに着目させた後、教師が「要点は大切な文なので、みんなで読みましょう。それ以外のところはマル読みで読んでいきましょう」と投げかけます。これで何度も音読練習するうちに、このような文型での説明の仕方を子どもたちは体得していきます。

もちろん、尾括型の文が出てきたときも同様に行います。そうすることで、様々な述べ方を子どもたちは獲得していくのです。

話し方にもこのような形を応用していくと、この学習が生きてはたらく力となっていきます。

㊺尾括読み

①君の指を見てごらん。
②丸くてまっすぐに伸びた…
③ごつごつしていたり、…
このように見ると、うでも、あーも、首も…
このようにがまとめている言葉だね。

「生き物は円柱形」（光村図書五年）

「尾括読み」で、要点の述べ方を理解させる。

要点が後ろにくる文を音読することで、尾括の文型が理解できます。

説明文の段落中の要点の述べ方で、文の後ろに要点があるものを、『尾括型』といいます。この書き方では、最初に説明があり、最後にまとめがきます。これを意識して音読させることでこの文型を理解させていきます。

ここでは、まとめになっている文をみんなで読むように指示します。

本文

①君の指を見てごらん。
②丸くてまっすぐにのびた形だろう。
③ごつごつしていたり、でこぼこがあったりしても……
④このように見ると、うでも、あしも、首も円柱形だし、胴体もほぼ円柱形といえる。

ここは一人で。
ここも一人だ。
ここはみんなだ！

①〜③は一人ずつで、④はみんなで読みます。こうすることで、要点が後ろにくる文の形を声に出しながら理解していくことができます。あわせて「このように」などの接続語を指導すると、要点の見つけ方がわかってきます。また、前項の「頭括」などとあわせて指導することで、子どもたちは説明するための文型の種類を理解し、状況に合わせた説明の仕方を身につけていきます。

㊻「よ・ね」双括読み

わたしたちは、知らず知らずのうちに、「見立てる」という行為をしているよ。

たがいに関係のない二つを結び付けるとき、そこには想像力が働いているよ。

紹介しているみたい。

へえ〜

見立てるという行為は、想像力にささえられているね。

そして、想像力は、わたしたちをはぐくんでくれた自然や生活と深く関わっているのだね。

確認している感じ。

うんうん

「見立てる」（光村図書五年）

「『よ・ね』双括読み」で、双括型の説明文を理解させる。

「よ・ね読み」を活用すると、双括型の説明文をすっきり理解させることができます。

双括型の説明文では、「はじめ」と「おわり」に筆者の主張が、「中」に具体的な説明が書かれています。このことを学習した後、「『はじめ』と『おわり』のどちらかに『よ』どちらかに『ね』が入るのだけどわかるかな」と問います。子どもたちは音読して確認します。

本文 はじめ

①わたしたちは、知らず知らずのうちに、「見立てる」という行為をしている。㋵
たがいに関係のない二つを結び付けるとき、そこには想像力が働いている。㋵

（私たち）読む人に紹介しているみたい。

本文 おわり

⑥見立てるという行為は、想像力にささえられている。㋨
そして、想像力は、わたしたちをはぐくんでくれた自然や生活と深くかかわっているのだ。㋨

（私たち）読む人に確認している感じだ。

こうしてみると、同じまとめの文でも、「はじめ」では紹介するように、「おわり」では確認するように書いていることがわかります。

このように、双括型の説明文に「『よ・ね』双括読み」を活用してみることで、文の構造を確認したり、その効果に気づいたりすることができます。

㊼対比読み

「和」と「洋」に分かれて、役割読みをしよう。
和
ここが和だね。
洋
洋はどこかな？
和
和室は、ゆかにたたみをしいて仕上げ、あまり家具を置かないようにします。
洋
洋室は、板をはったり、カーペットをしいたりして…
対比
どちらにも良いところがあるのだな。

「くらしの中の和と洋」（東京書籍四年下）

「対比読み」で、筆者の説明の仕方を読み取らせる。

「和」と「洋」の役割に分かれて読むことで、筆者の文章の書き方を読み取ることができます。

説明文の中には、対になる言葉の対比関係を効果的に用いることで、主張をまとめているものがあります。そうした内容の説明文では、対比されているものの特徴をとらえることが、筆者の主張を読み取ることにつながります。

この説明文では、くらしの中にある「和」と「洋」について論じることで、それぞれのよさをうまく取り入れた私たちの生活について書かれています。

本文

①和室、洋室でのすごし方には、それぞれどんな良さがあるのでしょうか。
②和室のたたみの上では、いろいろなしせいをとることができます。……
③人と人との間かくが自由に変えられるのもたたみの良さです。……
④洋室で使ういすには、いろいろな種類があります。……
⑤いすにすわっているじょうたいから、次の動作にうつるのがかんたんであることも、……

まず、「和」について読む人と、「洋」について読む人に分かれます。このように音読をすることで、「和」と「洋」について、筆者がバランスよく対比させながら、この説明文を書いていることがわかります。役割を分けて音読することで、対比関係をはっきりと感じることができます。こうすることで、どちらのよさも受け入れながら私たちが生活しているというまとめが、よく伝わってくるようになります。

㊽具体抽象読み

和
和室は、ゆかにたたみをしいて…
一方
洋
ほとんどの洋室は、板をはったり…
両方出てくるところはどうしよう
どちらにも関係あるから一緒に読んだら？
そっか。二つともにかかわるから大切なまとめの文だ！

「くらしの中の和と洋」（東京書籍四年下）

「具体抽象読み」で、例とまとめを読み分けさせる。

(和)の文を読む人、(洋)の文を読む人に役割を分けて音読することで、どちらにもかかわる文（まとめの文）があることに気づきます。

要点指導をするときに重要なのは、具体的な文と抽象的な文とを読み分けることです。

本文

(?) 和室と洋室のちがいは、ゆかの仕上げ方とそこに置かれる家具だといってよいでしょう。
(和) 和室は、ゆかにたたみをしいて仕上げ、あまり家具を置かないようにします。
(洋) 一方、ほとんどの洋室は、板をはったり、カーペットをしいたりしてゆかを仕上げ、いすを代表として、テーブル、ベッドなど、部屋の目的に合わせた家具を置きます。
(?) このちがいが、それぞれの部屋でのすごし方や、部屋の使い方の差を生み出すと考えられます。

右の文章を、まず「和」と「洋」に分かれて読みます。すると、「(?)の文はどちらが読んだらいいのか」という疑問が子どもたちから出てきます。

そこで、この文の内容を考えていくと、(?)の文は「和」と「洋」、両方にかかわる文であることがわかってきます。そこは二つのことなので、みんなで読むことにします。何度も音読の練習をした後、「和」と「洋」それぞれについて書いてある文が具体例、両方をまとめたところがまとめとなる大切な文であることを説明します。

このようにして文章の役割の違いを意識させ、声に出して読んでいくことで、具体と抽象の文の違いを感覚を通して理解させていくことが大切です。

㊾事実―意見読み

筆者役と説明役に分かれて音読しよう。
イヌ型ロボットを知っていますか。
はい。
生き物であるイヌの…
筆者役
説明役

「生き物はつながりの中に」（光村図書六年）

「事実―意見読み」で、事実と意見の文を見分けさせる。

筆者（意見）役の子どもと事実を説明する役の子どもに分かれて音読することで、意見と事実を見分けることができます。

説明文では、意見と事実が分けて書いてあります。この筆者の意見を読み取ることで、筆者の意図がわかってきます。
そのために、ここでは、筆者役（意見）と説明役（事実）とに分かれて音読をします。

本文

（筆者役と説明役に分かれる）
㊢ イヌ型ロボットを知っていますか。
㊫ 生き物であるイヌの様子をよく観察して、そっくりな動きをするように工夫して作ってあります。
体内に……
㊢ どこがちがうのでしょう。そのちがいを考えながら……

筆者役と説明役とに役割分担をして音読することで、筆者が何を伝えたいのか（意見）、何を具体例として挙げているのか（事実）がわかってきます。筆者役の子どもが、人に伝えるように心をこめて音読するとさらにいいでしょう。
このような学習をしていくと、音読のときに自然と筆者役と説明役に分かれて読むようになっていきます。事実と意見の違いがわかることで、文の要点や要旨、筆者の主張がわかるようになってきます。さらに、子ども自身が文章を書くときに、事実と意見を意識しながらわかりやすく構成を考えることもできるようになります。

㊿文図動作読み

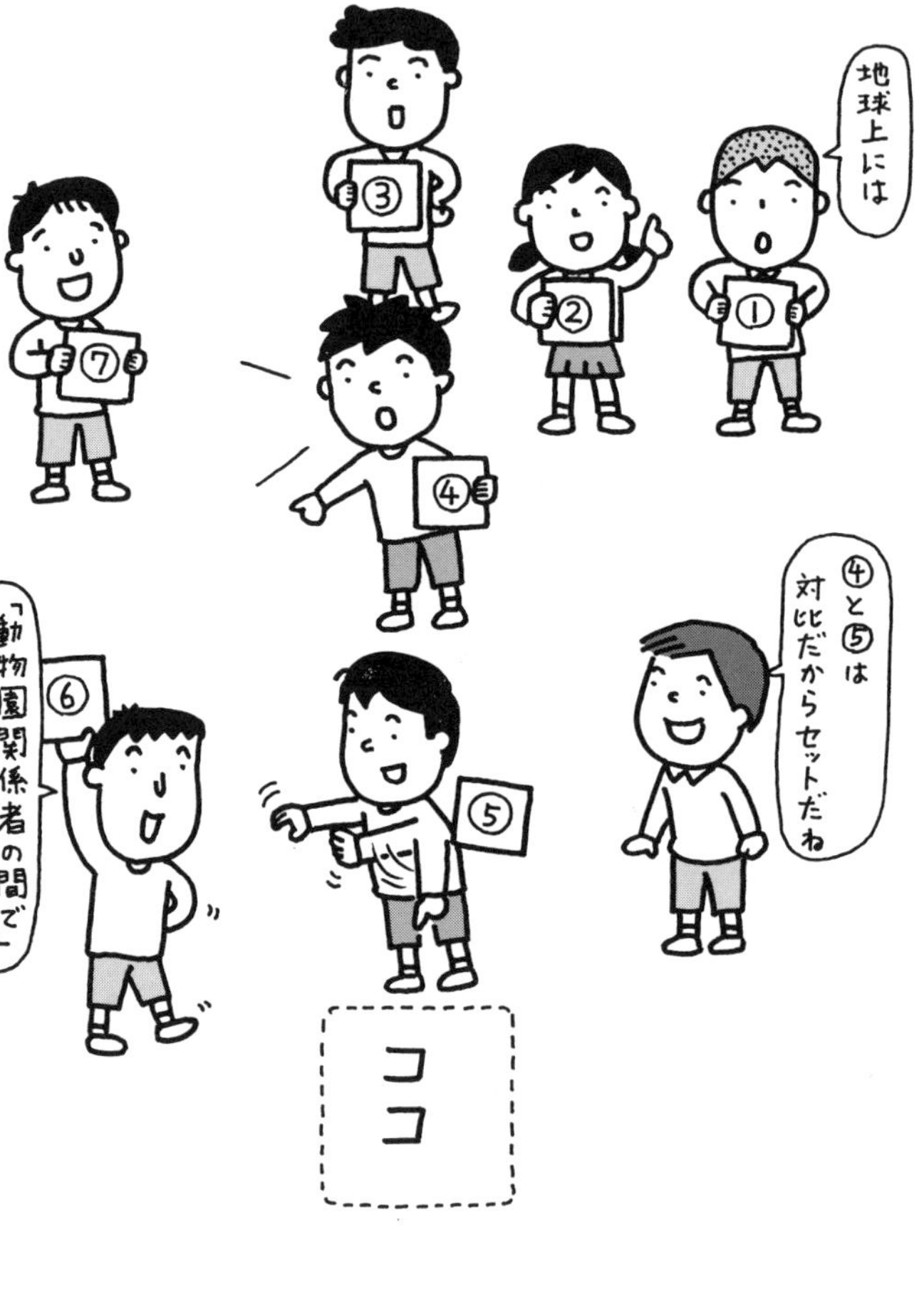
「動物園関係者の間で」はどこかな。

「動物の体と気候」（平成十七年度版東京書籍五年上）

「文図動作読み」で、文章構成を考えさせる。

意味段落の変わり目で前の部分の後ろや、縦に並んで音読することで、文章相互の関係をつかませます。

高学年になると、内容の正確な理解だけでなく、文章の構成を考えながら読むことも必要な学力になります。ここで音読を使うことによって、文章構成を立体的にとらえさせることができるようになります。

しかけ文（要点）

①地球上には↓②動物の体の形と気候にはおもしろい関係↓③寒い所で体温を　↓⑦体格
④実際に、寒い地方
⑤逆に、暑い砂ばく
⑥動物園関係者の間で

形式段落ごとの要点の紙を一人ずつに持たせ、それを音読させていきます。このときに、次のような指示をします。

・話題が、前の部分につながると思ったら縦に並ぶ。
・この話は、同じ話題の違う事例になっていると思ったら横に並ぶ。

こうして体を動かすことで、文章構成図における、縦と横の関係を体を動かしながらつかんでいくことができます。
図式化して行われることの多い文図指導ですが、高学年であっても、動作化をして、立体的に整理したり表現したりすることで構造を理解できるよう指導していきたいものです。

Q「考える音読」と今までの音読の違いは何ですか？

A すらすら音読させるだけでなく、「目的」をもって「考えながら」音読させるところが違います。

音読は文章を読み取る基本となります。まずは、すらすら読めるようになることが大切だからです。しかし、ただすらすら音読するだけでは読みは深まりません。国語の授業では、学習の始めに音読し、その後は発問と話し合いを中心に読みを深めていくのが一般的です。読みを深めていくことに音読を役立てられないでしょうか。

◆音読に「考える」要素を取り入れる

音読に、「考える」要素を取り入れると、音読の質は大きく違ってきます。

たとえば、説明文では「筆者になりきって音読しよう」と投げかけます。筆者になりきって読むためには、書かれている内容がよく理解できていなければなりません。「これはどういう意味かな」「図を見て、こうなっているでしょ」「なるほど、図を指さしながら音読するとわかりやすいね」などと自然に話し合いが生まれます。さらに、「音読をしてみたら、問いに対応する答えの文がわかってきた」と、音読をして考えを確かめる姿も見られるようになります。また、上手に読むためには、文章表現の工夫や要点、要旨や筆者の主張がわかるところを考えながら音読していきます。

音読にちょっとした「目的」をもたせることで、子どもたちは「考えながら」音読するようになっていきます。

このような、**「考えること」と「表現すること」とが一体となる音読が「考える音読」**です。

目的をもって音読をすることを意識づけていくと、宿題での音読にも真剣に取り組むようになります。やらされているのではなく、「目的」があるからこそ、子どもは一生懸命「考えながら」取り組み、深く読もうとしていくのです。

Q 音読のめあては上手になることですか？

A 子どもたちのめあては「音読が上手になること」。
しかし、教師のねらいは「深く読み取らせること」です。

子どもたちは、「上手に音読できるようになろう」と学習に取り組みます。しかし、教師にとって、音読は読み取りを深める手段です。

◆考える音読、三つのキーワード

キーワード①「筆者になりきって読む」

まずは、筆者になりきって読ませることです。なりきるためには、書かれている内容を正確に読み取る必要があります。動作をつけたり、資料を指さしたりしてイメージをふくらませて読むようになるでしょう。さらに、「〜なのでしょうか」「おどろくほど〜なのです」など、読者を引きつける書き方の工夫にも気づかせたいものです。ここで筆者と読者役に分かれます。筆者役は、筆者になりきって、人に説明するように音読します。読者はそれに対して「なんでだろう。知りたい」「そうなんだ。びっくり」とつぶやきを返すのです。このようなやりとりによって、筆者の書き方の工夫に気づかせます。

キーワード②「つながりを考えて読む」

ある一部分だけを断片的に取り上げただけでは、論の展開やそこに込められた筆者の意図は見えてきません。文と文が対応するように役割を考えて音読させたり、しかけ文と本文を比べて音読させたりすることで、つながりに気づかせ、取り上げた部分の意味や筆者の意図が明確になります。

キーワード③「理解を確かめながら読む」

書かれている内容をイメージできず拾い読みになってしまう子ども、抑揚がついて一見上手なのだけれど実は内容をイメージできていない子どもなど、学級には様々な子どもがいます。教師はその実態から、音読が上手か下手かだけではなく、子ども一人ひとりの読みを見取ることが重要です。教師の正確な見取りがあってこそ、どこを伸ばすのか、高めるのかを考えることができるからです。さらに音読には、自分が理解しているかどうかを確かめたり、深めたりする働きがあります。このことを子どもたち自身に意識させ、理解を深めながら音読させていくことも重要です。

Q 上手に読めるだけでは、説明文が読み取れているとはいえないのでは？

A 「上手に読めるようになろう」という、**目標のシンプルさ**が重要なのです。
だからこそ、子どもたちは見通しをもって学習し、工夫をするのです。

上手にすらすら読めるだけでは、もちろん十分に読み取れているとはいえません。「上手に読めるようになろう」と子どもたちに伝えるのは、**子どもたちにわかりやすい目標をもたせるためです。**

国語は、答えがぼんやりしている教科であるとよく言われます。音読は、子どもたちが取り組みやすく、**できたかどうかを子どもたち自身でも判断することができます。**

◆「上手に読める」を変えると授業がかわる

音読の上達と、読み取りの深さを一致させていくためには、子どもたちの**「上手に読める」の概念を変えていく**必要があります。普通「上手に読める」というと「口をよく開いてすらすら読める」「抑揚がついている」ということになると思います。この抑揚をつける内容を問題にしていくのです。

説明文では、基本的に次のような観点をもたせます。

① **書かれている内容をイメージして読めているか。** ② **筆者の書き方の工夫を効果的に表せているか。**

これを徹底していくと、子どもたちから「ここはわかりにくいから、図を指さしながら音読しよう」と、文章にもどって考える姿が見られるようになります。学びが進むと、「要点は大切だから、みんなで読んでみよう」「ここは問いの文だから、読者が興味をもつように読もう」などと発言する子も現れるようになります。これらの発言からは、妥協することなく深く読み取り、表現したいという子どもたちの主体的な姿勢が見えてきます。**目標がシンプルで、工夫する余地があるからこそ、子どもたちは自ら学び、時には、教師の予想を越える姿を見せてくれるのです。**

Q「考える音読」を使った授業は、どのように展開するのですか？

A 授業の前半は、音読で説明文を考えるきっかけにします。授業の後半は、音読で学習したことを確認します。

Q＆A

◆音読で、説明文を考えるきっかけにする

「考える音読」の授業で中心になるのが、①イメージ型と②論理型の音読です。この二つの音読で考えるきっかけをつくるのです。**基本的な発問・指示**は次のようになります。

> **①「筆者の言いたいことがわかるように音読しよう」「どうしてそう読もうと思うの?」**（イメージ型）
> **②「筆者はなぜ、こう書いたのかな?」「その筆者の考えがわかるように音読しよう」**（論理型）

これらの発問・指示により、説明内容が伝わるよう動作化して音読したり、筆者の書き方の工夫を探そうとしたりします。

さらに、教師の意図に合わせて、音読でしかけをすることもあります。子どもが気づきにくい論理をつかませるときに有効です。事例をわざと入れ替えたり、とばしたりして音読をすると、子どもたちは「おかしい」と考え始めます。教師が間違った音読をすることで、思考が焦点化され、論理をつかませることができるのです。音読でしかけをするときは、教材の特性や目的に合わせてすることが大切です。（音読のバリエーション参照）

◆音読で学習事項の整理、確認する

学習の終末部では、音読で学習したことを確かめます。理解が十分でなかった子どもも、ここでもう一度復習することができます。**ここで、すべての子どもに成長を実感させることで、子どもたちの学習への意欲が高まっていくのです。**

Q 黙読と音読では読み取り方が違うのですか？

A 基本的には、黙読も音読も目標は同じです。でも、音読にしかできないことがあります。

基本的には、目標は同じです。たとえば、黙読でも問いや答えの関係を読み取ることはできます。「この問いに対する答えの文はどこでしょう」と聞くと、「この段落ではないかな」と意見を言います。話し合いによって答えを考えていくこともできます。

◆音読にしかできないこと― それは、言葉を感覚的にとらえ、実感をもって理解すること

「なんとなく、Aくんの意見もBくんの意見も合っているような……」国語の授業では、はっきりしないでもやもやしたまま授業が進んでいくことがよくあります。このようなときに、

「じゃあ、先生が問いの文を読むから、Aくんの意見とBくんの意見。どっちが答えの文として合っているか、音読して比べてみよう」

と、音読で実際にやってみます。問の文に対して、返事をするように答えの文を音読させていくことで、問いと答えの対応関係をつかませていくようにします。全員が声を出して音読することで、意見を確認することができ、やってみると明らかに「これは違う」ということがわかってきます。一つひとつ問いと答えの文を対応させることで、「問いと答え」の感覚や、その効果を理解することができるのです。(㉘「問いと答え役割読み」参照)

このように、声に出すことで**感覚をはたらかせ、実感を伴った理解をすることができる**のが音読のよさです。また、最初はわからなかった子どもも、繰り返し音読しているうちにわかるようになっていきます。繰り返し読み返して読むうちに、わかるようになるのも音読のよさです。

Q 音読で、子どもたちはどう変わりますか？

A 言葉へ着目する力が育ちます。
しかし、それ以上に変わるのは、学んでいこうとする学級の雰囲気や子どもたちの自信です。

「考える音読」を授業で行うようになると、上手に音読しようと考えながら音読するので、言葉へ着目する力が伸びます。しかし、それ以上に変わるのは、**子どもたちが自信をもって生き生きと学べるようになることです。**

授業の中では、どうしても授業について行けない子、自分の思いをうまく表現できない子がいます。それに対し、音読の授業は、「どの子でもできる」というよさがあります。

◆「どの子もできる」から、自信をもって学べる

たとえば、「この段落で一番筆者が言いたいのはどこでしょう」と発問すると、子どもたちは、まずこの質問の意図を考えます。意図がとらえられたら、文章を読みながら考えをもとうとします。なんとなく考えがもてたら、わかりやすく伝えるために頭の中で整理します。そしてやっと発表。このように発問に対して自分の意見を述べることは、大人が思っている以上に複雑で、労力のいる作業なのです。これに対し、音読の授業では、「ここで筆者は何を言いたかったのかな、そこを強調して読みましょう」と問いかけます。これだと、書かれていることを読むだけなので必ず全員が参加することができます。また、自分の考えを声にのせて読むだけで表現することができます。この簡潔さが「どの子にもできる」ことにつながるのです。

「考える音読」の授業では、国語が苦手な子どもたちが活躍する場面がしばしば見られますが、それは、音読によって全員がお互いに思いを伝えることができるからです。そして、**伝え合えるからこそ、互いを認め合う雰囲気が生まれ、自信をもって学べるようになっていくのです。**

もちろん、発問に対して、感想や自分の考えをもったり、伝えたりする力をつけることは大切です。しかしその前に、すべての子どもが「できた」という達成感をもち、認められる喜びを感じられる場があることが重要なのではないかと思うのです。

単元名　読んで考えたことを　書こう

「どうぶつ園のじゅうい」（光村図書二年上）

単元目標

○「どうぶつ園のじゅうい」の説明内容をおさえたうえで、その書き方のよさを理解することができる。

○「どうぶつ園のじゅうい」の学習で身につけた力を活用して、自分の身の回りの人々の仕事を説明文に書くことができる。（例　学校の先生・バスの運転手・家で働くお母さん　など）

教材のポイント

本教材は、獣医の「ある一日」がドキュメンタリータッチで書かれた文章であり、子どもたちは臨場感をもって読み進めることができる。

獣医の仕事は大きく分類すると、「毎日する仕事」「この日だけの仕事」の二つある。「毎日する仕事」とは、動物園の中を見回り動物の様子を観察することや、一日の出来事を記録することである。一方「この日だけの仕事」とは、「毎日する仕事」をしている中で、急に起こる動物の病気やけがに対する治療のことである。本教材では、はじめとおわりに「毎日する仕事」、なかに「この日だけの仕事」の事例（いのしし、さる、ペンギンの治療）が挙げてある。

いろいろな仕事を比較しながら読むことで、治療にもいろいろなものがあり、臨機応変に、忙しく働いている獣医の仕事についてつかませたい。また、「毎日する仕事」と「この日だけの仕事」のどちらも紹介している筆者の意図にも迫らせたい。

単元計画（全六時間）

次	時	学習活動・学習内容	考える音読でつくる授業の工夫
一	1	○学習の見通しをもつ。 ・感想の紹介	1「主語読み」「動作読み」で、イメージをふくらませる。
	2	・説明内容のイメージ化	2 音読劇を通して、獣医の仕事を確認させる。
二	1	○筆者の書きぶりを意識して読む。 ・事実と理由の読み分け	1「事実ー意見読み」で、事実と意見（理由）の文を見分けさせる。
	2	・三つの事例の比較	2「状況置き換え読み」で、対比関係を読ませる。
	3	・「日課」と「急な仕事」の必要性	3「文末表現入れ替え読み」で、「いつもの仕事」と「今日だけの仕事」の必要性に迫らせる。
三	1	○説明文を読んだり、書いたりする。 ・「日課」と「急な仕事」の一般化	1「文末表現比べ読み」で、説明文をつくらせる。

一次 2/2

本時のねらい 「はじめて知ったことやおもしろかったところを感想に書くことができるようにする。」

どうぶつ園のじゅうい
うえだ みや
おんどくげきをしよう
二段落 見回り あいさつ ①班
三段落 いのしし ⑤②班
四段落 さる ③班
五段落 ペンギン ④班
六段落 日記 ふろ ⑥班
上手だったところ
◎ ペンギンのとき、じゅういさんがとてもいそいでいた。
◎ 音(オノマトペ)を入れていた。
はいっ!
リリリーン リリリーン
リリリーン リリリーン
見回りがおわると しいくいんさんに よびとめられました
ちがうー!!
おかしいよ!!
ここでは電話がかかってないよ

授業の流れ

1 オノマトペを入れて、音読をする。
　見回り↑おはよう
　お風呂↑ザブーン
　ペンギン↑電話の音

2 グループごとに場面を決めて、音読劇を練習する。

3 グループごとに発表する。

4 まとめの音読をする。

音読指導のポイントと教師のはたらきかけ

「動作読み」で説明内容をイメージさせる

○書かれている内容がイメージできるよう動作をつけて音読しよう。
○オノマトペの担当の人は、先生が肩をたたいたら担当のオノマトペを言ってくださいね。
（わざと違う場面で合図を入れる）

まとめとして音読し、うまい表現を定着させる

○上手だったグループの音読を真似して、みんなで音読をしてみよう。
○このグループは音（オノマトペ）を入れているのがいいね。
○じゅういさんがいそいでいるのがよくわかるね。

本時のねらい「筆者が治療の事例を三つ挙げている意図を解釈できるようにする。」

どうぶつ園のじゅうい
うえだ みや
いのしし …のんびりしている
対比《たいひ》
ペンギン … きんきゅうじたい
ペンギンのことは、書かなくてもよい?
・「びょういん」だから いる
・「きんきゅうじたいも ひつよう」だ
・いろいろなけがやびょうきをするはず
いのしし のことも、ペンギン のこともひつよう
いのしし
見回りがおわるころ しいくいんさんから よびとめられました!!
きんきゅうじたい
これだと おかしいよ 場面に 合ってないもん
ペンギン
夕方。しいくいんさんから。電話が、かかってきました。
のんびり ゆっくり

授業の流れ

1 三、四、五段落を音読して、治療の事例が三つあることをおさえる。

2 三段落と六段落の状況の設定を置き換えて音読する。

3 なぜ筆者は、対比の事例を入れているかその必然性について考える。

4 まとめの音読をする。

音読指導のポイントと教師の働きかけ

「状況置き換え読み」で、場面の状況をイメージさせる

○「いのしし」に赤ちゃんがいるんだよ！ もっとあわてて読まないと。「ペンギン」がボールペンを飲みこんだ？ まあ、いつものことだよね。（そんなわけないよ）そう？ ちょっと試しにやってみようよ。

まとめとして、対比の関係を意識しながら音読させる

○三、四、五段落はどんな状況だったかな。状況に合わせてゆっくり読んだり、いそいで読んだりしようね。

本時のねらい　「「いつもの仕事」と「今日だけの仕事」の両方を書いた筆者の意図に迫らせる。」

どうぶつ園のじゅうい
うえだ みや
どうして、「毎日の仕事《しごと》」だけじゃないのかな
「いつもの仕事」ます
「今日だけの仕事」ました
② 見回り
いのしし
③
さる
④
ペンギン
⑤
⑥ 日記 ふろ
○仕事のことをよくわかってもらうため
○きゅうにけがやびょうきになることがあるから
見回りがおわるころ、しいくいんさんによばれます
ますだと、いつも呼ばれてるみたいだな。おかしいよ。
ラクダ

授業の流れ	音読指導のポイントと教師のはたらきかけ
1　「じゅういの一日」でどんなことが、どんな順番に紹介されているか確認する。 2　文末を意識することで、仕事には「いつもの仕事」と「今日だけの仕事」があることを読み分ける。 3　「いつもの仕事」と「今日だけの仕事」の両方を挙げる必要性について考える。 4　文末表現を意識しながら、まとめの音読をする。	**「文末表現入れ替え読み」で違いを読み分けさせる** 「ました」と書いてある文を「ます」と置き換えて音読します。 見回りがおわるころ、しいくいんさんによばれます。 ○どんな感じがする？　これでもいいかな？ **まとめとして、「ます」「ました」の役に分かれて音読する** ○「ます」の文を読む人、「ました」の文を読む人に分かれて音読してみよう。 ○「ます」「ました」以外にも表現があるのかな。

三次　1／1

本時のねらい　「「いつもの仕事」と「今日だけの仕事」に分類し、文末表現に気をつけて音読させる。」

実践例

発表は黒板で。
家ではたらく　お母さん
お母さんはどんな仕事をしているかな？
「毎日の仕事」
ます
あさごはん
かたづけ
せんたく
ひるごはん
ばんご飯
「今日だけの仕事」
ました
わすれものをとどける
買いもの
○毎日の仕事がたくさんあってたいへんだ。
○他の仕事でもやれそう。
お母さんは朝一番に
朝ごはんを作ります。
みんなが食べおわったら
かたづけをします。
そのつぎに、せんたくをします。
あれ、
つくえの上に　ぼくのわすれものが
おいてありました。
いそいでわすれものを学校へ
とどけました。
そうそう
ました。

授業の流れ	音読指導のポイントと教師のはたらきかけ
1 「どうぶつ園のじゅうい」の筆者の書き方を確認する。 2 「お母さん」の仕事を出し合い、分類する。	
3 文末表現「ます」と「ました」のどちらがいいか考えながら音読してみる。	**「文末表現比べ読み」で「家ではたらくお母さん」について説明文のように読ませる** ○お母さんは一日いそがしいね。まず、あさごはんをつくり「ます」「ました」どちらかな? ○机の上にわすれものがあった。わすれものを学校へ届け「ます」だよね。だっていつものことだもん。
4 ペアで「家ではたらくお母さん」をペア音読する。	**ペア音読で定着させる** ○二人で一文ずつ交代しながら、読んでいこう。

単元名　説明の仕方について考えよう

「アップとルーズで伝える」（光村図書四年下）

単元目標

○段落同士の関係に注意して読み、筆者が何を、どのように説明しているか考えることができる。
○文章の構成や対比などの関係をまとめ、筆者の考えが伝わるように音読することができる。

教材のポイント

本教材は、テレビで用いられる「アップ」と「ルーズ」の特徴や使われ方を説明した文である。言葉は知らなくとも、テレビでよく目にする出来事を説明した話なので、子どもには親しみやすいだろう。文の書き方も、テレビでのアナウンサーを意識したような書き方をしている部分もあり、読者を引きつける話し方や書き方のお手本となる教材である。本文は、アップとルーズについて対比しながら書かれており、対比的な説明の仕方を学ぶのに適した教材である。写真資料も文に対応するように使われており、資料の適切な使い方のよさも感じられるであろう。また、「アップとルーズ」、「長所と短所」、「テレビと新聞」など、様々な事例を比較しながら論の展開の信頼性を高めており、論理的な文の書き方、話し方を身につけていくのに適している。

実践例

単元計画（全五時間）

次	時	学習活動・学習内容	考える音読でつくる授業の工夫
一		○全文を通読し、学習の見通しをもつ。	
	1	・難読語、語の意味の確認 ・書き出しなどの筆者の工夫の理解	1 教師の範読で読みのレベルをそろえる。 「筆者なりきり読み」で筆者の工夫を意識させる。
二		○内容や説明の仕方を読み取る。	
	1	・事例とまとめの文を読み分ける。	1「対比読み」で対比の関係をつかませる。 「具体抽象読み」で事例とまとめをつかませる。
	2	・アップとルーズの長所と短所をまとめ、対比の効果に気づかせる。	2「事例とばし読み」で対比の効果を捉えさせる。
	3	・七段落の事例の挙げ方を話し合うことで、事例の一般化のよさに気づかせる。	3「一文読み」で、要点をつかませる。 「事例とばし読み」で筆者の主張に気づかせる。
三		○文章構成を整理しまとめの音読をする。	
	1	・文章構成図の書き方の理解 ・学習内容の整理	1「文図動作読み」で文章構成図の関係性をとらえさせる。 学習内容を整理し、まとめの音読をする。

一次 1/1

本時のねらい【書き出しの文などの筆者の工夫を考えながら、作品を通読することができるようにする。】

1
先生が読みます。チェックしながら聞いてね。
ここはわかる
今はハーフタイム。…
チェック…と、
あれ？何かな？
2
この書き出しはおもしろいね。なぜこんな書き方をするの？
読んでみよう。
テレビでサッカーの試合を…
わかりやすいしおもしろい。
3
そっか。この方が読みたくなるね。
みんなに読んでもらうための工夫。なんだね 他にもないかな？
4
よし、練習しよう。
いよいよ後半が…
おっ！今の読み方いいね。

授業の流れ	音読指導のポイントと教師のはたらきかけ
1 教師が範読を行い、難読語や意味の難しい言葉を確認する。 2 書き出しの文がアナウンサー調で書かれていることのおもしろさに着目させ、筆者の工夫を意識させる。 3 書き出しの文や大切と思う文を考えながら、筆者の気持ちになって音読する。 4 意識されていたところや、上手に読めたところを賞賛し、グループごとに練習をさせる。	**教師の範読で読みのレベルをそろえる** ○今から先生が読みます。読み方や意味がわからないところはチェックしながら聞いてね。 **「筆者なりきり読み」で筆者の工夫に気づかせる** ○この書き出しは、アナウンサーみたいでおもしろいね。なんでこんな書き方をするのかな? **まとめとして、グループで「マル読み」をする** ○筆者が工夫していると思うところや、大切だと思うところは、みんなで声を合わせて読もう。

二次 1/3

本時のねらい「アップとルーズに分かれて音読することで、事例とまとめの関係をとらえることができるようにする。」

1
アップ
ルーズ
それぞれ役割に分かれて音読しよう。
アップとルーズでね。
2
読むときには写真を見せて読みましょう。
テレビでサッカーの試合をしています。
あの写真はルーズだ。
3
アップとルーズには、どんなちがいが…
どっちが読むといい？
そこはアップじゃないよ。ルーズも…
4
三段落はまとめの文なので、みんなで読むといいですね。
四〜はどう？
四は説明みたい。
六はまとめかな？

授業の流れ

1 グループの中でアップとルーズに分かれて音読する。

2 段落に合った写真資料を指さして、人に説明するように音読する。

3 どちらにもあてはまらない段落はどちらが読むか話し合い、事例とまとめとの関係をとらえる。

4 四～六段落はどのような関係になっているか話し合い、関係をまとめる。

音読指導のポイントと教師のはたらきかけ

「対比読み」で対比の関係を読む

○この文はアップとルーズについて書かれているね。それぞれ役割を分けて音読しよう。

「資料提示読み」で文章と写真を対応させて読ませる

○この写真は文章のどの部分を説明しているのかな。写真を指さしながら説明するように読みましょう。

「具体抽象読み」で事例とまとめの関係をつかませる

○どちらが読むかわからないところがあるね。どちらが読むといいかな。

○三段落は一・二段落をまとめているので、みんなで読むといいね。四段落～六段落はどうなっているかな。

二次 2/3

本時のねらい　「アップとルーズの長所と短所をまとめ、対比の効果に気づくことができるようにする。」

文の数が多すぎるから減らそうよ。
六段落の「伝えられることと伝えられないこと…」とつながらないよ
いいところが一つもなくなるよ。
えー
1
四・五段落は伝えられることと伝えられないことに分かれて音読しよう。
これは伝えられないな。
伝えられることは…
2
じゃあアップだけにしましょう。一つだけでわかるよ。
…アップではわかりません。
えー。
ルーズもないと、本当に正しいと言えない感じが
3
対比されているとわかりやすいね。
ルーズでとると…
アップでとった…
4

授業の流れ

1　四・五段落の文を一文ごとにセンテンスカードで示し、六段落のまとめとの対応に気づかせる。

2　長所と短所で分かれて役割読みを行い、それぞれの要点を考える。

3　対比の効果について話し合う。

4　対比の効果を考え、まとめの音読をする。

音読指導のポイントと教師のはたらきかけ

「事例とばし読み」で、事例とまとめの対応に気づかせる

○一つの段落が長すぎるね。少し減らしてみよう。

（短所のところだけ音読し、長所・短所の両方ないと六段落とつながらないことに気づかせる）

「具体抽象読み」で要点をつかませる

○長所と短所に分かれて音読しよう。ここは大切と思うところは強調して読んでね。

（特に大切な文を強調させることで、要点をつかませる）

「事例とばし読み」で対比の効果をつかませる

○なぜ「アップとルーズ」とか「長所と短所」とか両方書くのかな。どちらかだけでもわかるので、アップだけにしましょう。

○対比されていると、よくわかりますね。アップ役とルーズ役に分かれて音読しましょう。

二次　3/3

本時のねらい「七段落の事例の挙げ方を話し合うことで、事例の一般化のよさに気づかせるようにする。」

七・八段落はどっちが読みますか？
アップもルーズも書いてある。
どちらもかかわるので「まとめ」ですね。
1
七段落は何について書いた文でしょう。一文読むとしたらどれ？
取材の…これは違う。
うーん
写真にもアップと…
2
七・八段落のどちらが言いたいの？
筆者の主張だから八です。
じゃあ七はなくてもいいよね。
テレビも新聞もあった方がよくわかる。
え〜！
3
六・七はまとめ八が主張なのでわかるように音読しよう。
テレビでも新聞でも……
八段落には思いをしっかり！
4

実践例

授業の流れ

1　七・八段落はアップかルーズか話し合い、どちらにもかかわる文であることを確認する。

2　八段落とのつながりから七段落の中心文を探す。

3　筆者の伝えたいことと、七段落の必要性を話し合う。

4　結論部の段落相互の関係を考えながらまとめの音読をする。

音読指導のポイントと教師の働きかけ

「具体抽象読み」でまとめの文を見つける

○七・八段落は、アップとルーズのどちらが読みますか。

「一文読み」で中心文をつかませる

○七段落は何について書いた文でしょう。
○一文だけ読むならどれ？
（一文だけ読んで、八段落を読むと「新聞を見ると」の文が八段落と対応していることがわかる）

「事例とばし読み」で筆者の主張をつかむ

○筆者は、七段落と八段落のどっちが言いたいの？
○じゃ、七段落はなくてもいいよね。（様々な事例があることで、一般性が増すことに気づかせる）

三次　1/1

本時のねらい　「文章構成図をまとめ、筆者の考えが伝わるようにまとめの音読をすることができる。」

実践例

序論 本論 結論に分けよう。
はじめは序論だ。
問いの文や接続語に注目して。
「このように」～はまとめだ。
文章構成図はどうつながる?
アップとルーズは横かな?
アップ ルーズ まとめ
対比はどうやってつなごう。
まとめは縦だよね。
学習のまとめの音読をしよう。
どんなふうに読もうか?
ここは対比がわかるように…
まとめのところも注意してね。
じゃあまとめは二人でよもうか。
筆者の主張は大きな声で読もう。

授業の流れ

1 文章を序論・本論・結論に分ける。

2 対比やまとめの関係から文章構成図における横の関係と縦の関係をとらえ、文章構成図を完成させる。

3 今までの学習を考えながら音読練習をする。

4 グループでまとめの音読の発表する。

音読指導のポイントと教師のはたらきかけ

「文図動作読み」で構成図の関係性をとらえる

○対比になっている段落は横につなぎます。まとめや続きの説明は縦につなぎます。音読をしながら段落をどのようにつなぐとよいか考えましょう。

まとめとして、グループで音読する

○学習したことを生かしてまとめの音読をしよう。

○このグループは、「対比読み」をしているね。

○具体と抽象に分かれて音読すると段落同士のつながりがよくわかるね。

単元名　文章と対話しながら読み、自分の考えをもとう

「感情」「生き物はつながりの中に」（光村図書六年）

単元目標

○生き物とロボットの違いや、筆者の主張を読み取り、自分の考えをもつことができる。

教材のポイント

本単元は、プレ教材「感情」で、わかりやすく説明文の学習についておさえ、「生き物はつながりの中に」というメイン教材が続く。後者は、イヌ型ロボットと生き物であるイヌとの違いを対比的に論じることで、「生き物はいろいろなつながりの中で生きている」という筆者の主張が書かれている。子どもたちの生活の中でも身近な動物であるイヌと、最近注目を浴びているロボットのイヌとの特徴を書くことで、高学年の子どもが興味をもって読み進めることのできる内容である。また、「あなた」と語りかけるような口調で進む論理展開や問いかけで終わる文章は、子どもたちに自分はどうだろうかと考えるきっかけをもちやすくさせる。本論二に、生き物の特徴を読み取りにくい部分があることから、結論から全体の構成をとらえたり、内容を読み取ったりするのに適した教材文である。

実践例

単元計画（全八時間）

次	時	学習活動・学習内容	考える音読でつくる授業の工夫
一		○「感情」で、説明の仕方を読み取る。	
	1	・段落の要点	1「問い答え役割読み」で要点を明確にする。
	2	・文章構成図	2「文図動作読み」で、文章構成をつかむ。
二		○「生き物はつながりの中に」を読み、説明の内容や説明の仕方を読み取る。	
	1	・全文を通読・内容の理解	1「対比読み」で生き物とロボットの違いをつかむ。
	2	・段落の要点	2「問い答え役割読み」で、要点をまとめる。
	3	・文章構成図	3「文図動作読み」で文章構成図を考える。
	4	・要旨	4「つぶやき読み」で要旨をとらえる。
	5	・筆者の主張	5「題名置き換え読み」で、語りかけを意識させ、筆者の主張を明確にする。
三		○筆者に対する自分の考えを書く。	
	1	・筆者の思いの尊重 ・論理構成の工夫	1「筆者なりきり読み」で、筆者の思いを大切にすることに気づかせる。

一次　2/2

本時のねらい 「筆者の考えを整理しながら、文章構成図をつくることができる。」

中心文を短くして
小見出しをつくろう。
キーワードだけを残して
いくと短くなるよ。
1
先生が全部読むから
キーワードだけ読んでね。
不安
後悔
不安や後悔
などの感情が
……
2
序論とどこが
つながるかな？
なぜ、わたし
たちには…？
それは…？
どこかな？
3
文章のつながりを
考えて
音読しよう。
感情の何について
言ってるかな？
ぼくは
ここ？
私は後かい
だから
横に
つながる。
4

実践例

授業の流れ

1 要点になる文章から、キーワードを探して小見出しを付ける。

2 序論と結論のつながりを考えながら、結論と筆者の主張を把握する。

3 文章のつながりを考えながら、文章構成図をつくる。

音読指導のポイントと教師のはたらきかけ

キーワードと思う文をみんなで読ませる

○前時に考えた中心文を使って、小見出しをつくろう。キーワードだけを残していくと、短くなるよ。先生が読むからキーワードだけ読んでね。

「問い答え役割読み」で結論と筆者の主張を把握させる

○序論に答えている形式段落はどこかな？ ペアで音読して探してみよう。

「文図動作読み」で、文章構成図を作らせる

○文章のつながりを考えて音読しよう。

○同じことや具体例は横に、新しいことや抽象的なことは縦につなげながら音読するよ。グループでやってみよう。

二次　1/5

本時のねらい 「「生き物はつながりの中に」の大まかな内容をつかみ、学習の見通しをもつ。」

全部の勉強が終わったら中村さんに意見文を書くよ。
形式段落読みで段落を整理しよう
はーい
イヌ型ロボットを知っていますか？
次は「本物の」からだ。②と。
タンパク質って何だろう？
調べてみよう。次は間違えずよめるよ。
対比よみで違いを読みとろう。
ロボットはどうでしょう。
イヌのチロはぼくだな。生き物だもん。
ロボットの犬役
生き物のイヌ役

実践例

授業の流れ

1　全文を通読し、学習のめあてをもつ。

筆者の主張に対する意見文を書く

2　形式段落に番号を付け、音読で確認する。

3　新出漢字や意味のわからない言葉などを音読で確認し、内容を大まかに理解できるようにする。

4　「ロボットのイヌ」と「生き物のイヌ」の対比関係をつかむ。

音読指導のポイントと教師のはたらきかけ

「形式段落読み」で段落を整理させる

○形式段落ごとに交代しながら音読しよう。いくつあるかな？

「マル・テン読み」で内容を大まかにつかませる

○わからない言葉に線を引いて調べたり、友達と音読し合ったりしてすらすら読めるように練習しよう。間違えずに読めるかな？

「対比読み」で生き物とロボットの違いを読み取らせる

○「ロボットのイヌ」と「生き物のイヌ」に分かれて役割音読をしよう。違いは何かな？

二次　5/5

本時のねらい　「筆者の書き方の特徴に気づくことで、筆者の語りかけを意識し、主張を明確にする。」

授業の流れ	音読指導のポイントと教師のはたらきかけ
1　「生き物」に関する言葉を別の物に置き換えることによって、筆者が読者に語りかけていることに気づく。	**「生き物」をすべて「ネコ」に置き換えて音読する** ○「生き物」と「ロボット」についていろいろ書いてあるけれど、「生き物」なら何でもいいよね。全部「ネコ」に変えてみよう。 ○どうして一つの言葉にしたら変な文章になるのかな？
2　筆者がこの説明文の中で一番伝えたいことは何段落に書いてあるかを考える。	**「題名置き換え読み」で読者への語りかけに気づかせる** ○題名「生き物はつながりの中に」の「生き物」は、何に置き換えられる？ ○どこかの段落に書いてあるはずだよ。だれがつながりの中にいると言いたいのかな？
3　筆者の主張は何か、考えながら音読する。	**「筆者なりきり読み」で筆者の主張をつかませる** ○筆者になりきって、主張が書いてあるところを強調して音読しよう。

三次　1／1

本時のねらい　「筆者になりきって音読することで、思いが伝わる意見文を書く。」

筆者読みをしてみよう。
どんなことに気をつけて意見文を書くといい?
わかりやすく…?
んー。ていねいに?
とてもすてきなことに思えて……
筆者の中村さんが読んだ時にどう思うかな?
もしかして…
読む人を考えて書かないと…
よし、メモができた。
ちょっと聞いてくれる?
いいよ。
私は、生き物として…
よし、この人の考えがわかるように…
人間は…

実践例

授業の流れ	音読指導のポイントと教師のはたらきかけ
1 意見文を書くときに、どんなことに気をつけて書いたらよいか考えさせる。	**「筆者なりきり読み」で筆者の思いを大切にすることに気づかせる** ○筆者は語りかけるようにこの説明文を書いているね。どんなことに気をつけて意見文を書くといい？ 筆者になりきって主張を音読してみよう。
2 語りかける口調や問いの文章などに気をつけながら、自分の考えを整理し、意見文を書く。	**自分の考えを整理させる** ○筆者の主張に対する自分の意見を箇条書きにしよう。できたら、その意見が効果的に伝わるように、メモをつなげて文章を構成しよう。 ○自分の意見文をペアで音読して聞き合おう。伝えたいことが何かわかるように、お互いアドバイスをするといいね。
3 お互いの意見文を聞き合い、考えを交流する。	**「筆者なりきり読み」で友達の意見文を発表させる** ○友達の書いた意見文を発表するよ。相手は何が伝えたいのかを考えながら気持ちをこめて音読しようね。

第3章
説明文の五つの読み方

筑波大学附属小学校　桂　聖

説明文を読み取るには、次の五つの論理的な読み方の習得・活用が不可欠です。

◆要点
◆問いと答え
◆表現技法
◆三段構成
◆要旨や意図

学習指導要領の指導事項にも、「中心となる語や文」「段落相互の関係」「事実と意見」「要旨」など、似たような文言で書かれています。でも、この指導事項だけでは抽象的です。この五つの読み方は、学指導要領の指導事項を具体化したものと考えても差し支えありません。

説明文の授業では、小学校の六年間を通じてこの五つの読み方の習得・活用を図ります。

1　要点をとらえて読む（要点指導のポイント）

説明文の授業では、要点のまとめ方を指導をすることがあります。

しかし、よく行われる要点指導では、「要点をまとめなさい」という指示だけになりがちです。これだけでは、子どもは、何をどのようにまとめればいいのかがわかりません。あいまいで抽象的な指示だからです。「要点とは何か」「要点をどのようにまとめるのか」について、具体的に指導することが必要です。

◆要点とは？

まず、要点とは何でしょうか。よく聞く言葉ですが、意外にわからないものです。

広辞苑には、要点とは「肝要な箇所。大切なところ」と書かれています。だから、要点とは「大切なところ」です。

普通、説明文の授業で要点をまとめるのは、段落の要点をまとめることを指します。だから、子どもたちには、要点とは「段落の中の大切な内容」だと、最初は説明しておいてもいいでしょう。「中心の内容」と言ってもいいでしょう。

しかし、広辞苑にあるように、要点は段落だけを指しているわけではありません。文にも要点があります。主語と述語です。また、文章にも要点があります。それは文章の大切な内容をまとめた要約文や要旨です。段落だけではなく、文にも文章にも要点があるのです。

ちなみに、題名が文章の要点になっていることもあります。たとえば、「生き物はつながりの中に」（光村図書六上）という文章があります。この題名は、その文章の要点（要旨）だと言えます。

要点指導は三年生から始めますが、その子どもたちに、このようなことまで教えてしまうと、かえってわかりにくくなります。だから、最初のうちは「要点とは段落の大切な内容だ」と教えておき、その後、必要に応じて、文、文章、題名にも要点があることも教えるといいでしょう。

◆要点のまとめ方

次の要点指導のまとめ方について考えます。

要点指導の先駆者は、白石範孝氏です。次のようなまとめ方の手順を提案しました。

① 段落の中の文を数える。
② 中心文を決める。
③ 中心文を短くまとめる。

「要点をまとめなさい」だけではなくて、三つの指示をします。シンプルで具体的で、子どもにわかりやすい指示です。

試しに、次の段落の要点をまとめてみましょう（「すがたを変える大豆」光村図書三下）。

これらのほかに、とり入れる時期や育て方をくふうした食べ方もあります。ダイズを、まだわかくてやわらかいうちにとり入れ、さやごとゆでて食べるのが、えだ豆です。また、ダイズのたねを、日光に当てずに水だけをやって育てると、もやしができます。

この段落の文の数は三つですね。その一文目が中心文です。それを「とり入れる時期や育て方をくふうした食べ方もある」と、短くまとめます。これがこの段落の要点です。

ただ、「① 文を数えること」は簡単なのですが、「② 中心文を決めること」や、「③ 中心文を短くまとめること」は、実は難しいことが多いです。そこで、中心文の決め方や、そのまとめ方についてもはっきり指導する必要があります。

◆中心文の決め方

中心文を決めるには、まず、その段落が三段構成のどこにあるのかを見分ける必要があります。

三段構成とは、序論・本論・結論の三つで、文章の構成をとらえることです。それは、四つ目の読み方としてこの後に書いているので、詳しくはその部分を読んでください。

まず序論では、問いの文が中心文になることが多いです。問いの文がない場合は、例えば「生き物の特徴をさがしてみましょう」のように、問いの文と同じような役割をしている文が中心文になります。

次に、本論では、それぞれの事例をまとめる役割の文が中心文になることが多いです。

先に取り上げた「すがたをかえる大豆」の段落も、その一例です。一文目にまとめの文があって、二文目や三文目は具体例の文になっています。この段落は、いわゆる頭括型の文構成になっています。

本論では、段落の文構成を、頭括型、尾括型、双括型で見分けるといいです。

頭括型とは、筆者が一番伝えたいことが段落の最初にあるもの。尾括型とは、その伝えたいことが段落の最後にあるもの。そして、双括型とは、その伝えたいことが最初と最後にあるものを指します。

これらの用語は、普通、段落の文構成ではなく、文章の構成を見分けるときに使う言葉です。しかし、本論の段落の文構成を見分けるときにも、同じように使うことができます。

本論における具体的な事例の説明では、その段落が、頭括型だったら最初の文が中心文、尾括型だったら最後の文が中心文、双括型だったら最初と最後、その両方の文が中心文だと判断できるのです。

最後に、結論における中心文について確認しておきましょう。結論では、まとめの文、筆者の主張の文、そのどちらもが中心文になることが多いです。
こうした中心文の決め方のポイントをまとめるなら、次のようになります。

● 序論…問いの文
● 本論…事例のまとめの文　※頭括、尾括、双括を目安にする
● 結論…まとめの文、主張の文

これだけで判断できない場合は、以下のような表現も参考になります。

○ 順序を表す接続語がある文（まず・次に、第一に・第二に 等）
○ まとめの接続語がある文（このように、つまり 等）
○ 逆接の接続語がある文（しかし、でも、だが 等）
○ キーワードがある文
○ 事実ではなく、意見の文

こうした表現を手がかりにして中心文を決めます。段落ごとに確認しながら、少しずつ指導していくことが大切です。

◆中心文のまとめ方

中心文を決めたら、「①述語→②修飾語→③主語」の順序で、言葉の必要性を検討していき、文を短くまとめると

いいです。

たとえば「この建物は、広島を取り巻く時代の流れをじっと見守ってきた」（「平和のとりでを築く」平成十七年度版光村図書六下）という中心文を短くまとめてみましょう。

まず、述語の「見守ってきた」を残します。次に、述語を修飾している語句を意味がわかる程度で「広島の時代の流れを」と短くします。主語は、そのままでもいいし、文脈から原爆ドームという言葉を加えてもいいです。そうすると「（原爆ドームは）広島の時代の流れを見守ってきた」となります。

これは、文末を述語にするまとめ方です。しかし、「広島の時代の流れを見守ってきた原爆ドーム」のように、文末を主語にしてまとめることもできます。主語、述語、どちらの文末でもいいと思います。

このようにして要点をとらえるための一番の基本は、主語と述語をとらえることです。

文の要点は、主語と述語です。段落の要点は、中心文を主語と述語を考えながら短くしたものです。

主語と述語は、低学年の学習内容です。それが要点をとらえる力の基礎になっているのです。

2　問いと答えをとらえて読む

低学年では、説明文を読解するための一番重要な読み方は、問いと答えをとらえて読むことです。

なぜなら、説明文の大きな役割が「ある話題について説き明かすこと」だからです。

たとえば「じどう車くらべ」。話題は何でしょうか。自動車でしょうか。

もちろんそうですが、次のように問いの文によって焦点化しています。

「それぞれのじどう車は、どんなしごとをしていますか」

「そのために、どんなつくりになっていますか」

つまり「自動車の仕事とつくりという話題について説き明かしますよ」と宣言しているのです。

それで本論ではそれを説き明かします。

たとえば、バスや乗用車の仕事は、人を乗せて運ぶ仕事です。

そして、そのつくりとは、広い座席と大きな窓があることです。

こうして話題を焦点化して説き明かしていくのに一番有効なのが、問いを出してそれについて答えるという説明の方法です。

人間は、問いかけられると、そのことに自然と意識を集中して考え始めます。問いは、非常にパワフルな説明の仕方です。だからこそ、たくさんの説明文に使われています。

特に、意識の集中が持続しにくい低学年の文章には、特にぴったりの説明の仕方だと言えます。

ただ、問いには、大きな問いと小さな問いがあることには留意することが必要です。

たとえば「アップとルーズで伝える」（光村図書四年下）の③④段落を読んでみましょう。どれが大きな問いで、どれが小さな問いでしょうか。

③初めの画面のように、広いはんいをうつすとり方を「ルーズ」といいます。次の画面のように、ある部分を大きくうつすとり方を「アップ」といいます。アップとルーズでは、どんなちがいがあるのでしょう。

④アップでとったゴール直後のシーンを見てみましょう。ゴールを決めた選手が両手を広げて走っています。ユニホームは風をはらみ、口を大きく開けて、全身で喜びを表しながら走る選手の様子がよく伝わります。アップでとると、細かい部分の様子がよく分かります。しかし、このとき、ゴールを決めら

れたチームの選手は、どんな様子でいるのでしょう。それぞれのおうえん席の様子はどうなのでしょう。
走っている選手以外の、うつされていない多くの部分のことは、アップでは分かりません。

この部分だけではわかりにくいのですが、大きな問いは――線部「アップとルーズでどんなちがいがあるのでしょう」です。文章全体に関する問いだからです。その答えは、本論部の④⑤段落になります。

小さな問いは～～線部「しかし、このとき、ゴールを決められたチームの選手は、どんな様子でいるのでしょう。」「それぞれのおうえん席の様子はどうなのでしょう。」です。そのすぐあとの「走っている選手以外の、うつされていない多くの部分のことは、アップでは分かりません。」が答えです。部分的な問いと部分的な答えになっているのです。

これも要点の指導同様、大きな問いと小さな問いの区別は初めから教える必要はありません。説明文の論理構造に慣れてきた三、四年生ごろに教えるといいです。

3 表現技法をとらえて読む

説明文も、文学同様、様々な表現技法によって説明を工夫しています。その主なものを挙げてみます。

● 接続語……逆接（しかし、だが、ところが、でも）、換言（つまり、すなわち）、理由（なぜなら、というのは）、例示（例えば）、順接（だから、それで）、

添加（そして、さらに、しかも）、補足（ただし、なお、ちなみに）、並立（また、ならびに）、
選択（あるいは、または、もしくは）、転換（ところで、さて、では）、
順序（まず、次に、最後に）、一般化（このように、こうして）
●文末表現…強調（のである、ねばならない、べきだ）、理由（からだ、なのである）、
推量（だろう、ちがいない、かもしれない）、問い（なのか、だろうか）
●指示語……話し手から距離感（近い：これ、遠い：あれ、中間：それ）、疑問（どれ）
複数（これら、それら、あれら）

接続語は、論理的に読むための重要な役割をしています。接続語をとらえて読むことができれば、先を予想しながら、段落相互の関係を考えながら読むことができます。


たとえば「まず」という言葉が出たとしましょう。すると「次に」を予想して探しながら読むことができます。

また、「たとえば」があれば具体例のつもりで読めばいいし、「つまり」があればまとめのつもりで読めばいいのです。

接続語は、それを目印にして考えながら読むことができます。

ところで、接続語と接続詞はどのように違うのでしょうか。

たとえば「このように」は接続語でしょうか、それとも接続詞でしょうか。

答えは接続語です。接続詞ではありません。

接続語は、文の成分の分類です。文の成分とは、主語、述語などの文節レベルの区切り方を指します。

一方、接続詞は、品詞としての分類です。名詞、動詞など単語レベルの区切り方になります。

つまり、接続語の中に接続詞が含まれているということです。

小学校では、品詞の分類は教えませんから、迷ったら接続語だと教えておけば間違いないでしょう。平易に「つなぎ言葉」という言い方で教えることが多いです。

説明文では、文末表現に気をつけながら、事実と意見を区別して読むことも大切です。「ちがいない」「だろう」「ねばならない」などは、文末表現だけで、意見だと区別して読むことができます。しかし、「だ」「である」「からである」などは、文末表現だけでは事実だと判断できません。文の意味で決まってきますので、注意が必要です。

指示語は、ほとんどが前にあるものを指します。指示語が出てきた場合は、指示語より前を探すことが大切です。「これ」「それ」「あれ」は、話し手の距離に関係があります。「これら」「それら」「あれら」は、複数を示す指示語です。

指示語が指す内容を考えるときには、指している意味内容を名詞の形で考えて、それを当てはめて意味が通るかを確認することも大切です。

4　三段構成をとらえて読む

説明文は「序論（はじめ）、本論（中）、結論（おわり）」の三段構成で、ほとんどが構成されています（図1）。

図1

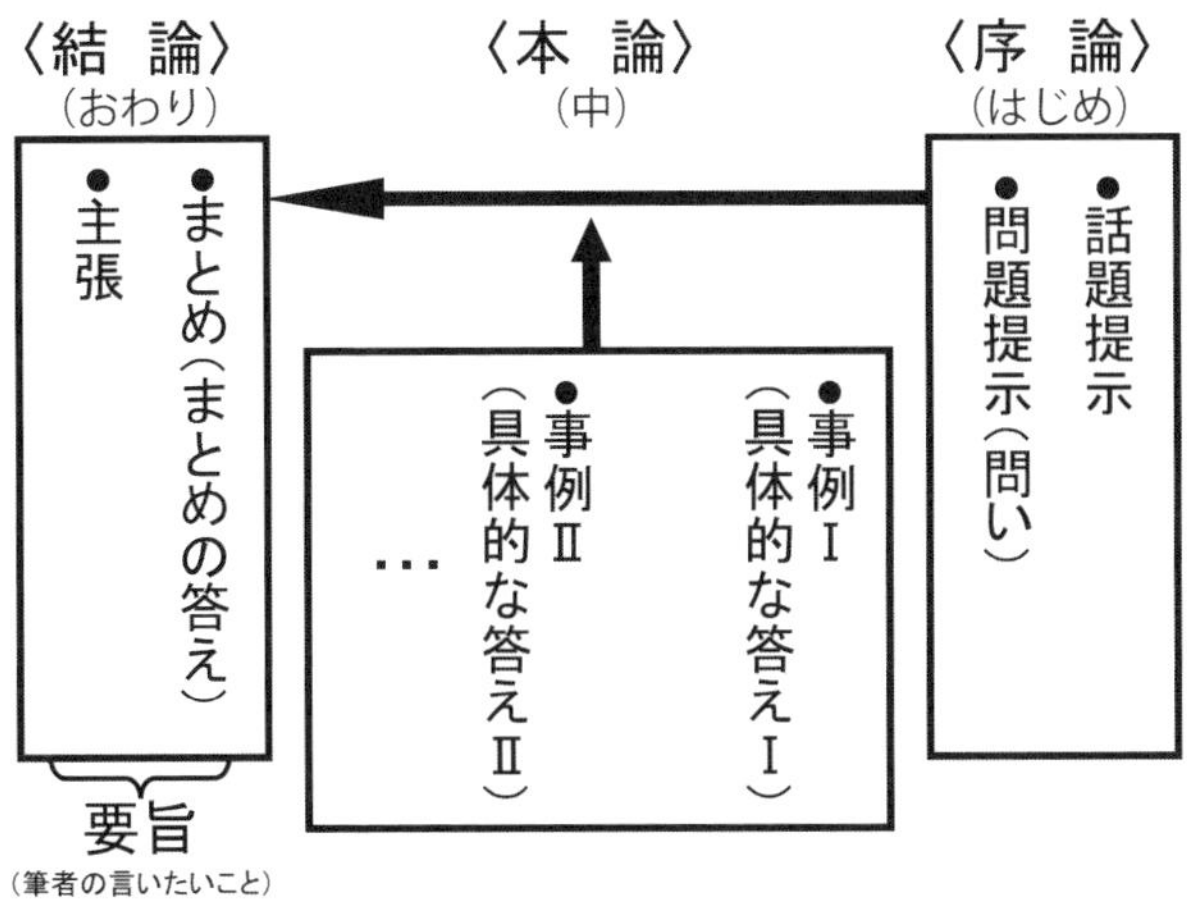

〈序　論〉
（はじめ）
●話題提示
●問題提示（問い）
〈本　論〉
（中）
●事例Ⅰ（具体的な答えⅠ）
●事例Ⅱ（具体的な答えⅡ）
…
〈結　論〉
（おわり）
●まとめ（まとめの答え）
●主張
要旨
（筆者の言いたいこと）

【説明文の三段構成法】

序論部（はじめ）には、話題提示があり、問いがあります。問いがないこともありますが、話題を絞る役割をしているのが序論です。

本論部（中）には、序論で絞られた話題について、事例がいくつか書かれています。同じことですが、低学年の場合は、問いに対して、具体的な答えが書かれていると教えます。

そして結論部（おわり）では、その本論のいくつかの事例（具体的な答え）を一般化してまとめています。さらに、そのまとめを理由にして「だから、こんなことが大切なんですよ」と主張をしていることがあります。この結論部におけるまとめと主張のことを要旨（筆者が一番伝えたいこと）とも言います。

この三段構成は尾括型です。結論が文章の終わりにあるタイプです。

低学年では、問いと答えを中心にした「序論と本論」の文章が多いです。中学年では「序論・本論・結論（まとめのみ）」が多く、高学年では、結論でまとめた上で「主張」をする文章が出てきます。

つまり、子どもは、六年間を通じて尾括型の文章を繰り返し学んでいるということです。

尾括型がわかっていれば、他の文章構成のタイプにも応用できます。結論が終わりではなくて、はじめにあるのを頭括型と言い、はじめと終わりにあるのを双括型と言います。

これまでの教科書には、頭括型や双括型の文章がほとんどありませんでした。しかし、平成二十三年度の教科書には、いくつか登場しています。文章の構成を考えながら、論理的に読み解く力を育てることをねらっているからです。

5　要旨や意図をとらえて読む

要旨とは、筆者が一番伝えたいことです。

三段構成でも説明しましたが、その結論部のまとめと主張だと考えればいいでしょう。

主張がなくてまとめだけで終わる説明文の場合は、まとめが要旨と考えていいでしょう。

要旨は、物語文の主題とは違って、文章にはっきり書かれています。誰もが同じ内容を読み取ることができます。全員が確認読みできる内容です。

意図というのは、筆者の説明の意図のことです。

筆者は、わかりやすく一番伝えたいこと（要旨）を説明するために、様々な説明の工夫をしています。

たとえば、問いと答え。問いを出して疑問や興味をもってもらって、本論を読んでほしいと考えています。

また、事例の順序。「じどう車くらべ」では、「①バスや乗用車→②トラック→③クレーン車」という順序で事例を説明しました。そこには、どんな筆者の意図が隠れているでしょうか。

身近なものからあまり身近ではないものの順序で並べています。身近なことで興味や関心をもってもらって、だんだん知らないことにもそれを発展させたいという筆者の気持ちがあるのでしょうか。

このように、筆者の意図は説明の裏に隠れています。人によって解釈が違うので、解釈読みになります。

説明文の授業では、文章の要旨を読み取りながら、その裏に隠れる筆者の意図も読める読者を育てることが大切です。

あとがき

「君たちのやっている音読は日本最先端だ」

「ただの音読じゃない、考える音読だ」

「よし、『考える音読』の本を出そう」

　桂先生のこれらの言葉がどこまで本気なのか、はじめは半信半疑でした。

ただ、私たちは、音読中心の授業がとても楽しかったのです。

「先生、本物が見えたよ」

「ねえ、みんな、○○と書いてあるから、こう読んだほうがいいんじゃないかな」

「あっ、音読してみたらわかった」

「それを音読で表すことができますか？」

　想像しながら音読することに子どもたちが喜びを感じ、自分たちで読み方を提案します。さらに音読することで言語感覚を働かせながら、文にこだわって読み取るようにもなります。友達の音読や意見を真剣に聞き、自分の意見を言い、音読する。このときの子どもたちの顔は実に生き生きしています。音読する度に読みが深まっていることを子どもたちも実感できるからでしょう。

「よし、自分たちのしていることをとにかくまとめてみよう」

「その中でまた新しいものが見え、子どもに返していくことができるかもしれない」

このようにして考える音読を本にするという作業がスタートしました。その中で、やはり新しいものが見えてきました。

「イメージを基盤に論理へ」

この桂先生の言葉が私たちの音読を大きく進化させました。

論理をつかませる「しかけ音読」を教材に合わせて考えました。イメージをふくらませるのは音読の得意分野です。子どもたちはなりきる天才だからです。音読によってイメージを全員がもつことができるからこそ、全員が論理をつかむことができるのです。

桂先生の指導、ご助言を頂きながら「考える音読」の本を完成させることができました。桂聖先生に心より感謝申し上げます。また、出版に協力していただいた東洋館出版社の井上幸子さん、この本を読んでくださったすべての皆様にも心からお礼申し上げます。

二〇一一年　二月

「考える音読」の会 代表　西村 光博

参考文献

『説明文の指導　認識と表現の力を育てるために』
西郷竹彦著、部落問題研究所出版部、1981

『説明文の授業　理論と方法』
西郷竹彦著、明治図書出版、1985

「教育技術」著作集　第13巻『説明的文章「読み」の指導技術』
大西忠治著　明治図書出版、1991

『説明的文章教育の目標と内容　何を、なぜ教えるのか』
森田信義著、渓水社、1998

国語科授業の新展開19『授業を変える音読のすすめ』
八戸音読研究の会、左館秀之助編著、明治図書出版、1985

『話すということ（ドラマ）　朗読源論への試み』
竹内敏晴著、国土社、1994

『音読の授業』
伊藤経子著、国土社、1988

『続音読の授業』
伊藤経子著、国土社、1990

鍛える国語教室シリーズ12『子どもは授業で鍛える』
野口芳宏著、明治図書出版、2005

小学校国語科活用力シリーズ1『活用力を育てる説明文の授業』
全国国語授業研究会・白石範孝・桂聖編著、東洋館出版社、2008

国語授業力シリーズ『いま、求められる説明文の授業力』
全国国語授業研究会・白石範孝・桂聖編著、東洋館出版社、2009

国語授業力シリーズ『読解力を育てる 文学・説明文授業の発問づくりと対応力』
全国国語授業研究会・筑波大学附属小学校国語研究部編著、東洋館出版社、2010

読解力シリーズ『和歌山発　3つのステップで読解力をつける複式の国語科授業―文学・説明文で何をどのように指導するのか？』

桂聖編著、紀美野町立小川小学校著、東洋館出版社、2009

読解力シリーズ『下関発　読解力の「活用」が見える32の授業プラン』
桂聖編著、下関市立滝部小学校著、東洋館出版社、2009

『授業のユニバーサルデザイン vol.1』
授業のユニバーサルデザイン研究会編著、東洋館出版社、2010

『授業のユニバーサルデザイン vol.2』
桂聖、廣瀬由美子、授業のユニバーサル研究会編著、東洋館出版社、2010

特別な支援が必要な子どもたちへ5『通常の学級担任がつくる授業のユニバーサルデザイン―国語・算数授業に特別支援教育の視点を取り入れた「わかる授業づくり」』
廣瀬由美子、桂聖、坪田耕三編著、東洋館出版社、2009

『自立した子を育てる年間指導　築地久子の授業と学級づくり2』
落合幸子、築地久子著、明治図書出版、1994

先生シリーズ19『わかる授業をつくる先生』
菜原昭徳著、図書文化社、1997

『国語教育指導用語辞典』
田近洵一、井上尚美編、教育出版、1984

『あたらしい国語科指導法』
柴田義松、鶴田清司、阿部昇編著、学文社、2003

教育新書78『音読指導入門』
青木幹勇著、明治図書出版、1989

西郷文芸学入門ハンドブック2『教材論入門』
西郷竹彦著、明治図書出版、1995

『書いて深める説明文の授業』
八戸小学校国語研究会著、国土社、1993

『図解フィンランド・メソッド入門』
北川達夫、フィンランド・メソッド普及会著、経済界、2005

『入門「分析批評」の授業』
井関義久著、明治図書出版、1989

音読指導の改革シリーズ1『基礎・基本を押さえた音読学習』
八戸音読研究の会、明治図書出版、1998

『学級づくりと国語科授業の改善　小学校中学年』
伊藤経子著、明治図書出版、1986

『子どもが生きるノートづくりの工夫　国語科授業の基礎・基本』
石田佐久馬著、東洋館出版社、2001

「追究の鬼」を育てるシリーズ10『新・ノート指導の技術』
有田和正著、明治図書出版、1996

学事ブックレット　国語セレクト8『要点・要約・要旨の基礎的学習で読解力を育てる』
白石範孝著、学事出版、2006

編著者

桂　聖（かつら・さとし）

筑波大学附属小学校教諭

山口県出身。山口公立小学校、山口大学附属山口小学校、広島大学附属小学校、東京学芸大学附属小金井小学校教諭を経て、現職。全国国語授業研究会理事、使える授業ベーシック研究会常任理事、授業のユニバーサルデザイン研究会代表、光村図書国語教科書編集委員、『子どもと創る国語の授業』編集委員、教師の“知恵”.net事務局。著書に、『フリートークで読みを深める文学の授業』『クイズトーク・フリートークで育つ話し合う力』（以上、学事出版）、『国語授業のユニバーサルデザイン』『通常の学級担任がつくる授業のユニバーサルデザイン』『授業のユニバーサルデザイン』Vol.1、Vol.2、Vol.3（以上、東洋館出版社）、『こうすればうまくいく！ 小学校教科担任制』（ぎょうせい）、『考える力をのばす！ 理解力アップゲーム（1）説明文編』（学習研究社）、DVDには『フリートーク　話し合う力を育てる』（学習研究社）、『6年「フリートークで文学をよむ」～海の命～』（内田洋行）他多数。

著者

「考える音読」の会

代表　山口県美祢市立大嶺小学校　**西村光博**

山口県岩国市立美川小学校　**福村　優**

山口県山口市立宮野小学校　**宮野大輔**

山口県岩国市立藤河小学校　**福村美咲**

山口県下松市立公集小学校　**長尾美香**

「考える音読」の会ＨＰ

http://www.geocities.jp/kingof_nabe/nabe/ondoku.htm

論理が身につく
「考える音読」の授業　説明文アイデア50

2011（平成23）年2月17日　初版第1刷発行
2011（平成23）年5月31日　初版第2刷発行

編著者　桂　聖
著　者　「考える音読」の会
発行者　錦織与志二
発行所　株式会社　東洋館出版社
〒113-0021　東京都文京区本駒込5丁目16番7号
営業部　電話：03-3823-9206　FAX：03-3823-9208
編集部　電話：03-3823-9207　FAX：03-3823-9209
振替：00180-7-96823
URL：http://www.toyokan.co.jp

装幀　小林亜希子
イラスト　パント大吉
印刷製本　藤原印刷株式会社
ISBN 978-4-491-02675-6 ／ Printed in Japan